JAPANISCHE REZEPTE BUCH 2022

100 EINFACHE UND KÖSTLICHE JAPANISCHE REZEPTE

BRONNO WINTER

© COPYRIGHT 2022 ALLE RECHTE VORBEHALTEN

Dieses Dokument ist darauf ausgerichtet, genaue und zuverlässige Informationen zum behandelten Thema und Problem zu geben. Der Verkauf der Publikation erfolgt mit dem Gedanken, dass der Verlag keine buchhalterischen, behördlich zugelassenen oder anderweitig qualifizierten Leistungen erbringen muss. Wenn eine rechtliche oder berufliche Beratung erforderlich ist, sollte eine im Beruf praktizierte Person bestellt werden.

Es ist in keiner Weise legal, Teile dieses Dokuments in elektronischer oder gedruckter Form zu reproduzieren, zu vervielfältigen oder zu übertragen. Das Aufzeichnen dieser Veröffentlichung ist strengstens untersagt und die Speicherung dieses Dokuments ist ohne schriftliche Genehmigung des Herausgebers nicht gestattet. Alle Rechte vorbehalten.

Warnung Haftungsausschluss, Die Informationen in diesem Buch sind nach unserem besten Wissen wahr und vollständig. Alle Empfehlungen erfolgen ohne Gewähr seitens des Autors oder des Story-Verlags. Der Autor und der Herausgeber lehnen jegliche Haftung im Zusammenhang mit der Verwendung dieser Informationen ab

Inhaltsverzeichnis

EINLEITUNG..8
JAPANISCHE REZEPTE..9
   1. Auberginentempura mit Erdnusssauce........................9
   2. Miso-Kartoffeln mit grünem Spargel............................12
   3. Dashi mit knusprigem Gemüse..................................15
   4. Soba-Nudeln mit gebratenen Champignons................18
   5. Dashi-Brühe...20
   6. Seidentofu mit bunten Karotten................................22
   7. Anko (rote Bohnenpaste)...24
   8. Ramen-Suppe mit Meerrettich..................................26
   9. Eingelegter Ingwer...30
   10. Ramen-Nudeln mit gebratenem Gemüse.................32
   11. Spargel-Sushi-Bowl mit Koriander-Lachs..................34
   12. Pfifferlingnudeln mit Konjaknudeln.........................37
   13. Tofu-Miso-Suppe mit Soba-Nudeln.........................40
   14. Gyozas..43
   15. Spargelsalat mit Rinder-Tataki................................47
   16. Matcha-Eis..51
   17. Matcha Latte...54
   18. Ramen-Brot..56
   19. Ramen mit Hühnchen und Kürbis...........................60
   20. Ramen mit Pilzen, Tofu und Kimchi.........................63
   21. Ramen mit Schweinebauch und Ei..........................65

22. Radicchio Fittata mit Surimi..................................68
23. Gegrillter Lachs mit Teriyakisauce.........................70
24. Glasierte Hähnchenbrustfilets................................72
25. Soba-Nudeln mit Sesam-Tofu.................................75
26. California Rolls mit Garnelen.................................78
27. Gebackenes Sushi..81
28. Maki Sushi mit Thunfisch und Gurke......................84
29. Forelle mit Keta-Kaviar auf Enoki-Pilzen.................86
30. Seezunge auf Zitrone mit Eigelb.............................88

HAUPTGERICHT..90

31. Alpenlachs in japanischer Marinade......................90
32. Alpenlachs in japanischer Marinade......................93
33. Yaki Udon mit Hähnchenbrust................................95
34. Gekochter Schweinebauch....................................97
35. Rindfleisch-Zwiebel-Röllchen.................................99
36. Yaki-Tori (gegrillte Hähnchenspieße)...................101
37. Gemüsetempura mit Wasabimousseline..............103
38. Sashimi..105
39. Thunfisch Maki..107
40. Gemüsetempura...109
41. Garnelentempura..112
42. Chili-Hühnchen-Reispfanne..................................114
43. Gyoza..116
44. Sushi & Maki-Variationen.....................................118

45. Glasiertes Hühnchen mit Sesam...................122

46. Japanischer Schweinebraten.......................125

47. Okonomyaki..127

48. Maki..129

49. Rinderrouladen mit Babykarotten...............131

50. Asiatische Nudeln mit Rindfleisch...............133

GEMÜSEREZEPTE...135

51. Kleiner Sashimi-Teller...............................135

52. Keta-Kaviar auf Daikon-Püree....................137

53. Koknozu-Salat mit Kichererbsen.................139

54. Gemüsetempura.......................................141

55. Gemüse-Maki..144

56. Onigiri mit Rotkohl und Räuchertofu...........146

57. Yaki-Tori (gegrillte Hähnchenspieße)..........148

58. Sushi & Maki-Variationen..........................150

59. Maki mit Thunfisch, Avocado und Shiitake...154

60. Maki mit Lachs, Gurke und Avocado...........157

61. Maki mit Garnelen, Gurke und Shiitake.......159

62. Zucchini-Parmesan-Chips..........................161

63. Japanische Spinnweben.............................163

64. Maki Sushi mit Thunfisch und Gurke...........165

65. Ura Makis Avocado...................................167

66. süß-saure Suppe......................................169

67. Wok-Gemüse mit Fleisch...........................171

68. Thunfisch mit Chilisprossen 173

69. Tempura von Lachs und Gemüse 175

70. Japanischer Nudelsalat 177

SUPPENREZEPTE 180

71. Miso-Suppe mit Shiitake-Pilzen 180

72. Vegane Miso-Suppe 182

73. Ramen-Suppe mit Meerrettich 184

74. Tofu-Miso-Suppe mit Soba-Nudeln 188

75. Japanische Suppe 191

76. Japanische Pilznudelsuppe 193

77. Japanischer Nudelsalat 195

78. süß-saure Suppe 197

79. Japanische Gemüsesuppe 199

80. Japanische Suppe mit Algen 201

FLEISCHREZEPTE 203

81. Rindfleisch-Zwiebel-Röllchen 203

82. Glasiertes Hühnchen mit Sesam 205

83. Japanischer Schweinebraten 208

84. Rinderrouladen mit Babykarotten 210

85. Asiatische Nudeln mit Rindfleisch 212

86. Wok-Gemüse mit Fleisch 214

87. Japanischer BBQ-Schweinebauch 216

88. Japanische Spareribs 218

89. Soba-Nudeln mit Hühnchen 220

90. Nudeln mit Rindfleisch und Gemüse 222
GEFLÜGEL 225
91. Yaki Udon mit Hähnchenbrust 225
92. Chili-Hühnchen-Reis-Pfanne 227
93. Hühnchen in würziger Buttermilchpanade 229
94. Hähnchenschenkel mit Tomaten 231
95. Hähnchenfilet in einer aromatischen Sauce 233
96. Soba-Nudeln mit Hühnchen 236
97. Soba-Nudeln 238
98. Gebratene Entenbrust 240
99. Salat mit Hähnchenbrust und grünem Spargel 243
100. Yakitori 246
FAZIT 248

EINLEITUNG

Die japanische Küche ist eine der ältesten der Welt mit einer vielfältigen und reichen kulinarischen Geschichte. Japanische Rezepte variieren je nach Region, aber Sie können viele Getreidekörner, Sojaprodukte, Meeresfrüchte, Eier, Gemüse, Obst, Samen und Nüsse darin finden. Aufgrund der Fülle an Meeresfrüchten und des Einflusses des Buddhismus auf die Gesellschaft werden Hühnchen, Rind-, Lamm- und Schweinefleisch sparsam verwendet. Die japanische Küche ist außerdem äußerst nahrhaft, gesund und energiereich. Ob gedünstete Gerichte, Schmorgerichte, Grillgerichte, frittierte Gerichte oder Essiggerichte, Sie finden eine große Auswahl.

JAPANISCHE REZEPTE

1. Auberginentempura mit Erdnusssauce

Zutaten

Soße

- 2 rote Chilis (klein)
- 10 EL Erdnussöl
- 6 Esslöffel Tahin
- 2 EL helle Sojasauce
- 2 EL Rotweinessig

Aubergine & Teig

- 8 Auberginen (kleine feste weiß-lila Auberginen je ca. 80 g)
- 400 Gramm Mehl
- 4 EL Pflanzenöl
- 2 EL Weinstein-Backpulver
- 600 Milliliter Sprudelwasser (eiskalt)
- Pflanzenöl (zum Frittieren)

Deko

- 2 Frühlingszwiebeln
- 2 Teelöffel Sesam (weiß)

Vorbereitung

Für die Soße

1. Chilischoten putzen, waschen, längs halbieren und entkernen. Chilischoten in Stücke schneiden, mit dem Erdnussöl im Mörser fein reiben. Chiliöl, Tahini, Sojasauce und Essig vermischen.

FÜR Auberginen & Teig

2. Auberginen putzen, abspülen, trocknen und der Länge nach vierteln. Mehl, Öl, Backpulver und Mineralwasser mit einem

Schneebesen zu einem glatten Tempura-Teig verrühren.
3. Das Frittieröl in einem großen Topf auf ca. 160-180 Grad. Die Auberginenstücke am besten mit einer Pinzette oder einer (Pralinen-)Gabel durch den Tempura-Teig ziehen und vorsichtig in das heiße Öl gießen. Portionsweise bei mittlerer Hitze ca. 4 Minuten goldbraun und knusprig. Mit einem Schaumlöffel aus dem Öl heben und auf Küchenpapier kurz abtropfen lassen.

Für die Dekoration

1. Frühlingszwiebeln putzen, waschen, halbieren und in sehr feine Streifen schneiden. Bis zum Servieren in kaltes Wasser legen.
2. Auberginen-Tempura mit etwas Sauce auf Tellern anrichten, mit einigen Frühlingszwiebelstreifen und Sesam bestreuen. Sofort servieren.

2. Miso-Kartoffeln mit grünem Spargel

Zutaten

- 500 Gramm Kartoffeln (Drillinge)
- 400 Milliliter Dashi
- 100 Gramm trockener Shiitake
- 4 Esslöffel Miso (helle Paste)
- 500 Gramm gefrorenes Edamame
- 10 grüne Spargelstangen
- 2 Bund Radieschen
- Salz
- 2 Esslöffel Reisessig
- schwarzer Sesam

Vorbereitung

1. Kartoffeln schälen, waschen und halbieren. Dashi und Shiitake erhitzen, 10 Minuten ruhen lassen. Den Shiitake mit einem Schaumlöffel aus der Brühe nehmen, nicht mehr verwenden. Die Kartoffeln in die Brühe geben und etwa 10 Minuten köcheln lassen. Das Miso hinzufügen, umrühren und weitere 10 Minuten kochen lassen.

2. In der Zwischenzeit das Edamame von den Schoten schälen. Den Spargel waschen, das untere Drittel schälen und die holzigen Spitzen abschneiden. Die Spargelstangen in 4 gleich große Stücke schneiden. Radieschen putzen, junge Blätter entfernen, Radieschen waschen und je nach Größe halbieren oder vierteln. Die Radieschenblätter unter kaltem Wasser gut abspülen und beiseite stellen.

3. Das Gemüse bis auf die Radieschen in einen Dampfgarer geben. Etwa 1 cm Wasser in einen geeigneten Topf geben und zum Kochen bringen. Setzen Sie den Dämpfeinsatz vorsichtig in die Pfanne und dämpfen Sie das Gemüse bei geschlossenem Deckel ca. 6 Minuten al dente.

4. Das gedünstete Gemüse aus dem Topf nehmen, in eine Schüssel geben, mit Radieschen, Salz und Reisessig mischen und abschmecken. Die gekochten Miso-Kartoffeln mit dem gedünsteten Gemüse und den Rettichblättern servieren. Etwas schwarzen Sesam darüberstreuen und servieren.

3. Dashi mit knusprigem Gemüse

Zutaten

Gemüse

- 1 Karotte
- 6 Stängel Brokkoli (wilder Brokkoli, ca. 150 g; oder „Bimi", Brokkoli mit langem Stiel)
- 2 Stangen Sellerie
- 100 Gramm Austernpilze (in dünne Streifen geschnitten oder braune Buchspilze)
- 1 Frühlingszwiebel
- 100 Gramm Zuckerschoten
- 20 Gramm Ingwer

- 150 Gramm Lotuswurzeln (als TK-Scheiben im Asia-Shop erhältlich)

Brühe

- 1 Liter Dashi
- 100 Milliliter Sake
- 50 Milliliter Mirin (süßer japanischer Reiswein)
- 2 EL helle Sojasauce
- 4 EL Ingweröl
- 4 Korianderstängel (zum Bestreuen)

Vorbereitung

Für Gemüse

1. Die Karotte schälen und in feine Streifen schneiden. Brokkoli waschen, Stiele etwas kürzen. Sellerie putzen, ggf. Fäden entfernen, waschen und sehr schräg in dünne Scheiben schneiden. Schneiden Sie die Buchenpilze ggf. aus dem Substrat.
2. Frühlingszwiebeln putzen und waschen, ebenfalls schräg in Ringe schneiden. Zuckerschoten putzen und waschen, sehr große Schoten schräg halbieren. Ingwer

schälen und in sehr feine Streifen schneiden.

Für die Brühe

1. Die Dashi-Brühe aufkochen und mit Sake, Mirin, Sojasauce und Ingweröl würzen. Lassen Sie das vorbereitete Gemüse und die tiefgefrorenen Lotuswurzelscheiben bei schwacher Hitze ca. 8 Minuten knusprig köcheln.
2. Koriander abspülen, trocknen und die Blätter zupfen. Dashi und Gemüse in Schalen anrichten, mit Korianderblättern bestreuen und servieren.

4. Soba-Nudeln mit gebratenen Champignons

Zutaten

- 200 Gramm Shiitake-Pilze (klein, frisch)
- 1 rote Chili
- 1 EL helle Sojasauce
- 4 TL Reissirup
- 6 EL Sesamöl (geröstet)
- 200 Gramm rosa Pilze
- 100 Gramm Enoki-Pilze (eine langstielige Sorte; in gut sortierten Supermärkten oder auf dem Markt)
- 400 Gramm Soba (japanische Buchweizennudeln)
- 1 Liter Dashi
- 4 Stängel Koriander (oder Thai-Basilikum)

Vorbereitung

1. Den Shiitake säubern und die trockenen Stielenden abschneiden. Chilischote putzen, abspülen und in dünne Ringe schneiden (mit Küchenhandschuhen arbeiten). Sojasauce, Reissirup, Chili und Sesamöl mischen und dann mit den Shiitake-Pilzen mischen. Etwa 30 Minuten ziehen lassen.
2. In der Zwischenzeit die Champignons putzen und in dünne Scheiben schneiden. Schneiden Sie die Enoki-Pilze vom Stiel. Bereiten Sie die Soba-Nudeln gemäß den Anweisungen auf der Packung zu.
3. Die Shiitake-Pilze in eine Pfanne geben und etwa 2 Minuten anbraten. Die Dashi-Brühe erhitzen.
4. Fertige Nudeln, gebratenen Shiitake, rohe Champignons und Enoki-Pilze in Schüsseln geben und mit der heißen Dashi-Brühe übergießen. Koriander abspülen, trocken schütteln und auf die Nudeln geben. Sofort servieren.

5. Dashi-Brühe

Zutaten

- 4 Streifen Algenblätter (Kombu-Alge, getrocknete Algen; je ca. 2 x 10 cm groß; zB im Biomarkt oder Asia-Shop)
- 6 getrocknete Shiitake (ca. 15 g)

Vorbereitung

1. Die Kombualgen und Shiitake-Pilze mit 1 Liter kaltem Wasser in einen Topf geben. Das Wasser langsam auf etwa 60 Grad erhitzen (mit einem Thermometer arbeiten). Ziehen Sie den Topf vom Kochfeld ab.

Lassen Sie die Brühe 30 Minuten mit geschlossenem Deckel stehen.
2. Die Brühe durch ein feines Sieb gießen und für andere Rezepte verwenden oder fest verschlossen in einem Schraubglas im Kühlschrank aufbewahren. Die Dashi-Brühe hält sich dort 3-4 Tage.

6. Seidentofu mit bunten Karotten

Zutaten

- 1 Teelöffel schwarzer Sesam
- 2 Bio-Orangen
- 4 Teelöffel helle Sojasauce
- 2 Teelöffel Zitronensaft
- 2 Teelöffel Ingweröl
- 5 EL Orangenmarmelade
- 800 Gramm Bio-Karotten (gelb, rot-violett)
- Salz
- EL Sesamöl (geröstet)
- 800 Gramm Seidentofu
- 4 Thai-Basilikumstängel

Vorbereitung

1. Schwarzen Sesam in der Pfanne ohne Fett anbraten, dann herausnehmen. Orangen heiß abspülen, trocken tupfen und die Schale fein abreiben. Eine Orange halbieren und den Saft auspressen. Orangenschale und -saft, Sojasauce, Zitronensaft, Ingweröl und Orangenmarmelade mischen und abschmecken.

2. Die Möhren putzen, schälen und in feine, gleichmäßige Stifte schneiden. Das Wasser in einem Topf aufkochen, die Karottenstangen darin ca. 2 Minuten kochen, damit sie noch knusprig sind, dann abgießen und kurz in Eiswasser gießen. Die Sticks abtropfen lassen, leicht salzen und mit dem Sesamöl mischen.

3. Tofu in 3 x 4 cm große Stücke schneiden, anrichten und mit dem Orangendressing beträufeln. Die Karottenstangen neben den Tofu legen und mit Sesam bestreuen. Thai-Basilikum abspülen, trocken tupfen, Blätter zupfen und über die Karotten streuen.

7. Anko (rote Bohnenpaste)

Zutaten

- 250 Gramm Adzukibohnen
- 200 Gramm Zucker
- Wasser

Vorbereitung

1. Die Adzukibohnen in einer Schüssel mit Wasser bedecken und über Nacht einweichen lassen.
2. Am nächsten Tag das Wasser abgießen und die Bohnen in einen Topf geben. Mit Wasser bedecken und einmal aufkochen.

3. Dann das Wasser abgießen und die Bohnen mit frischem Wasser bedecken und ca. 60 Minuten weich kochen. Das Dekantieren sorgt dafür, dass der Anko später nicht bitter schmeckt.
4. Das Kochwasser abgießen und einen Teil davon auffangen. Rühren Sie den Zucker in die Adzukibohnen, damit er sich auflöst. Zum Schluss die Hülsenfrüchte zu einer Paste pürieren. Sollte die Konsistenz zu dickflüssig sein, etwas Kochwasser einrühren.

8. Ramen-Suppe mit Meerrettich

Zutaten

- ½ Stangen Allium (Lauch)
- 1 Zwiebel
- 2 Knoblauchzehen
- 80 Gramm Ingwer (frisch)
- 2 Esslöffel Öl
- 1 Schweinshaxe
- 1 Kilogramm Hähnchenflügel
- Salz
- 2 Stück (Kombu-Algen; getrocknete Algen; Asien-Shop)
- 30 Gramm getrockneter Shiitake
- 1 Bund Frühlingszwiebeln

- 2 EL Sesam (hell)
- 1 Blatt Nori
- 6 Eier
- 300 Gramm Ramen-Nudeln
- 50 Gramm Miso (leicht)
- 2 EL Mirin (japanischer Weißwein)
- 65 Gramm Meerrettich
- Sesamöl (geröstet)

Vorbereitung

1. Lauch putzen, waschen und in große Stücke schneiden. Zwiebel und Knoblauch schälen, Zwiebel vierteln. 60 g Ingwer waschen und in Scheiben schneiden. Öl in einer Pfanne erhitzen. Lauch, Zwiebel, Knoblauch und Ingwer darin bei starker Hitze hellbraun rösten.
2. Das gebratene Gemüse mit der abgespülten Schweinshaxe und den Hähnchenflügeln in einen großen Topf geben und mit 3,5 Liter Wasser auffüllen. Alles langsam zum Kochen bringen und bei schwacher Hitze ohne Deckel ca. 3 Stunden köcheln lassen. Aufsteigenden Schaum abschöpfen. Nach 2 Stunden die Brühe mit Salz abschmecken.

3. Brühe durch ein feines Sieb in einen anderen Topf gießen (ergibt ca. 2,5–3 l). Eventuell die Brühe etwas entfetten. Wischen Sie die Kombu-Algen mit einem feuchten Tuch ab. Shiitake-Pilze und Kombu-Algen in die heiße Brühe geben und 30 Minuten ziehen lassen.
4. Die Schweinshaxe von Schwarte, Fett und Knochen lösen und in mundgerechte Stücke schneiden. Verwenden Sie die Chicken Wings nicht für die Suppe (siehe Tipp).
5. Restlichen Ingwer schälen und in dünne Streifen schneiden. Frühlingszwiebeln putzen und waschen, in feine Ringe schneiden und in kaltes Wasser legen. Die Sesamkörner in einer trockenen Pfanne rösten, bis sie hellbraun sind. Nori-Algen vierteln, in einer trockenen Pfanne kurz anrösten und in sehr feine Streifen schneiden. Eier pflücken, in kochendem Wasser 6 Minuten kochen, mit kaltem Wasser abspülen, vorsichtig schälen. Die Nudeln in kochendem Wasser 3 Minuten kochen, in ein Sieb gießen, kurz kalt abspülen, dann abtropfen lassen.
6. Pilze und Kombialgen aus der Brühe nehmen. Pilzstiele entfernen, Pilzkappen fein hacken, keine Kombialgen mehr verwenden. Brühe

erhitzen (nicht kochen). Misopaste und Mirin einrühren, gehackte Shiitake-Pilze hinzufügen. Die Frühlingszwiebeln in einem Sieb abtropfen lassen. Den Meerrettich schälen.

7. Die Brühe in Schüsseln aufteilen. Schweinshaxe, Nudeln, halbierte Eier, Sesam, Ingwer, Frühlingszwiebeln und Nori-Algen hineingeben. Mit viel frisch geriebenem Meerrettich und Sesamöl servieren.

9. Eingelegter Ingwer

Zutaten

- 200 Gramm Ingwer
- 2 Teelöffel Salz
- 120 Milliliter Reisessig
- 2 Teelöffel Zucker

Vorbereitung

1. Zuerst die Ingwerknolle waschen und schälen. Dann in sehr feine Scheiben schneiden.
2. Die Ingwerscheiben mit dem Salz in einer Schüssel mischen und etwa eine Stunde

ziehen lassen. Anschließend den Ingwer mit Küchenpapier betupfen.
3. Reisessig und Zucker bei mittlerer Hitze zum Kochen bringen, damit sich der Zucker auflöst. Dann die Ingwerscheiben dazugeben und gut verrühren.
4. Den Ingwer mit der heißen Brühe in ein steriles Glas geben und fest verschließen. Der eingelegte Ingwer sollte etwa eine Woche ziehen, bevor er verwendet werden kann.

10. Ramen-Nudeln mit gebratenem Gemüse

Zutaten

- 200 Gramm Karotten
- 200 Gramm Blumenkohl
- 200 Gramm Zucchini
- 2 EL Olivenöl
- Salz
- 2 EL Sonnenblumenkerne
- 10 Schnittlauchstangen
- 180 Gramm Ramen-Nudeln (ohne Ei)
- 1 Glas ("Viva Aviv Dressing" für Gemüse von Spice Nerds und BRIGITTE; 165 ml)
- Pfeffer (evtl. frisch gemahlen)

Vorbereitung

1. Backofen auf 220 Grad vorheizen, Umluft 200 Grad, Gasstufe 5.
2. Karotten, Blumenkohl und Zucchini putzen, waschen und in 2-3 cm lange Stücke schneiden. Mit Olivenöl und $\frac{1}{2}$ TL Salz mischen und auf ein mit Backpapier belegtes Backblech legen. Im heißen Ofen etwa 18–20 Minuten rösten.
3. Die Sonnenblumenkerne in einer Pfanne ohne Fett anrösten. Entfernen. Schnittlauch waschen und trocknen, in Rollen schneiden. Die Nudeln nach den Anweisungen auf der Packung kochen. Das Gemüsedressing erhitzen.
4. Die Nudeln abgießen und mit dem gerösteten Gemüse auf einen Teller legen. Das Dressing darübergießen, mit Schnittlauch und Sonnenblumenkernen bestreuen. Bei Bedarf mit Salz und Pfeffer würzen.

11. Spargel-Sushi-Bowl mit Koriander-Lachs

Zutaten

- 200 Gramm Basmatireis (oder Duftreis)
- Salz

Soße

- 2 EL (Yuzu-Saft, japanischer Zitronensaft, siehe Produktinformation, alternativ Zitronensaft)
- 3 EL Sojasauce
- 1 Teelöffel Sesamöl (geröstet)
- 1 EL Fischsauce
- 3 Esslöffel Ketjap-Manis
- ½ Bund Schnittlauch

- 90 Gramm Shiitake-Pilze (klein)
- 100 Gramm Radieschen (klein)
- 500 Gramm grüner Spargel
- ½ Teelöffel Koriandersamen
- 3 Stück Lachsfilets (je 100 g, kochfertig ohne Haut oder Knochen)
- Pfeffer (frisch gemahlen)
- 2 Esslöffel Öl
- 6 (Schnittlauchblüten)

Vorbereitung

1. Reis in leicht gesalzenem Wasser nach Packungsanleitung oder in einem Reiskocher kochen. Gekochten Reis warm halten.

für die Soße

2. Yuzu-Saft, Sojasauce, Sesamöl, Fischsauce und Ketjap Manis vermischen.
3. Schnittlauch waschen und trocknen, in Rollen schneiden. Champignons putzen, Stiele kurz schneiden, größere Champignons halbieren. Radieschen putzen und abspülen, größere Radieschen in Scheiben schneiden.
4. Spargel waschen, unteres Drittel schälen, Enden abschneiden. Spargel in kochendem Salzwasser 3-4 Minuten kurz garen.

Abtropfen lassen, dicke Stangen längs halbieren.

5. Koriander im Mörser zerstoßen. Die Lachsstücke mit Salz, Pfeffer und Koriander würzen. 1 EL Öl in einer beschichteten Pfanne erhitzen. Den Lachs darin bei starker Hitze 2-3 Minuten von jeder Seite braten. In den letzten 2 Minuten 1 Esslöffel Öl zugeben, die Champignons dazugeben und anbraten. 2 EL der Sauce dazugeben und alles kurz verrühren.
6. Reis, Spargel, Radieschen, Champignons und Lachs in Schalen anrichten. Mit Schnittlauch und ein paar abgerissenen Schnittlauchblüten bestreuen. Mit der restlichen Sauce beträufeln und servieren.

12. Pfifferlingnudeln mit Konjaknudeln

Zutaten

- 250 Gramm Pfifferlinge
- 300 Gramm Radicchio
- 150 Gramm Fenchel (Babyfenchel)
- 30 Gramm Pinienkerne
- 1 Schalotte
- 3 Thymian
- 50 Gramm Speck
- Pfeffer (frisch gemahlen)
- 200 Nudeln (Konjak-Nudeln, siehe Produktinformationen)
- 2 EL helle Sojasauce
- 1 Esslöffel Reisweinessig
- 100 Gramm Burrata (oder Mozzarella)

Vorbereitung

1. Pfifferlinge putzen. Radicchio putzen, Blätter waschen, trockenschleudern und in Streifen schneiden. Fenchel putzen und waschen, in sehr dünne Scheiben schneiden oder in Scheiben schneiden und mit Salz würzen. Das Fenchelgrün beiseite legen.
2. Pinienkerne in einer Pfanne ohne Fett goldbraun rösten. Schalotten würfeln und fein würfeln. Thymian waschen, trocken tupfen und die Blätter von den Stielen entfernen.
3. Den Speck in einer Pfanne ohne Fett bei mittlerer Hitze langsam anbraten. Speckscheiben aus der Pfanne nehmen, auf Küchenpapier abtropfen lassen und warm halten.
4. Die Schalottenwürfel im heißen Fett vom Speck anbraten, Pfifferlinge und Thymian dazugeben und heiß anbraten. Mit Salz und Pfeffer würzen.
5. Die Nudeln in ein Sieb geben, mit kaltem Wasser gründlich abspülen und nach Packungsanweisung zubereiten. Die abgetropften Nudeln und Radicchiostreifen

mit Sojasauce und Essig mischen, unter die Champignons heben und mit Burrata und Speckscheiben servieren. Pinienkerne, frisch gemahlenen Pfeffer und Fenchelgrün darüberstreuen und sofort servieren.

13. Tofu-Miso-Suppe mit Soba-Nudeln

Zutaten

- Soba (Soba-Nudeln: Spaghetti aus Buchweizen und Weizen)
- 2 Teelöffel Sesamöl (geröstet)
- 1 EL Sesamsamen
- 4 Frühlingszwiebeln

- 2 Minigurken
- 100 Gramm Spinatblätter
- 200 Gramm Tofu
- $1\frac{1}{4}$ Liter Gemüsebrühe
- 1 Stück Ingwer (ca. 20 g)
- 2 TL (Instant Wakame Algen)
- $2\frac{1}{2}$ EL Shiro Miso (Paste vom Bio- oder asiatischen Markt)
- Korianderblätter (zum Garnieren)

Vorbereitung

1. Die Soba-Nudeln nach Packungsanweisung kochen. In ein Sieb gießen, gut abtropfen lassen und mit dem Sesamöl vermischen. Die Sesamkörner in einer beschichteten Pfanne goldbraun rösten. Vom Herd nehmen und abkühlen lassen.
2. Frühlingszwiebeln putzen und waschen, weiße und hellgrüne Teile in feine Ringe schneiden. Gurken waschen und in etwa 3 cm lange Stifte schneiden. Spinat sortieren, waschen und trocken schütteln, grobe Stiele entfernen. Tofu trocken tupfen und in 2 cm große Würfel schneiden.
3. Bringen Sie die Brühe in einem Topf zum Kochen. Ingwer schälen und in Scheiben

schneiden, mit den Algen in die Brühe geben und ca. 2 Minuten köcheln lassen. Misopaste mit 5 EL Wasser glatt rühren, in die Brühe geben und weitere 5 Minuten kochen lassen. Dann Tofu, Frühlingszwiebeln und Gurke in die Suppe geben und aufkochen.
4. Zum Servieren den Koriander waschen und trocken schütteln. Verteilen Sie die Soba-Nudeln und den Spinat in Schüsseln oder Tassen und gießen Sie die kochende Brühe darüber. Den gerösteten Sesam und die Korianderblätter darüberstreuen. Sofort servieren.

14. Gyozas

Zutaten

Füllung

- 200 Gramm Hackfleisch vom Schwein (am besten Bio)
- 10 Gramm getrockneter Shiitake
- 10 Gramm getrocknete Champignons (Mu-Err-Pilze)
- 50 Gramm Karotten
- ½ rote Zwiebel
- 1 Knoblauchzehe
- 7 Esslöffel Öl

- 1 EL Fischsauce (asiatischer Laden oder Supermarkt)
- Salz
- Pfeffer (frisch gemahlen)

Soße

- 30 Milliliter Reisessig (schwarz)
- 50 Milliliter Sojasauce
- 24 (gefrorene Gyoza-Teigblätter, ca. 120 g;)

Vorbereitung

Für die Füllung

1. Das Hackfleisch etwa 30 Minuten vor dem Garen aus dem Kühlschrank nehmen. Beide Pilzsorten in lauwarmem Wasser ca. 30 Minuten einweichen.

für die Soße

2. Schwarzen Reisessig und Sojasauce mischen und beiseite stellen.
3. Möhren putzen, schälen und fein reiben. Die eingeweichten Champignons abtropfen lassen, gut ausdrücken und die Stiele abschneiden. Die Kappen fein hacken.

Zwiebel und Knoblauch schälen und fein hacken.

4. 3 EL Öl in einer beschichteten Pfanne erhitzen, Champignons, Zwiebeln und Knoblauch 5 Minuten anbraten. Dann abkühlen lassen. Das Hackfleisch mit der Pilzmischung und den geriebenen Karotten verkneten und mit Fischsauce, etwas Salz und Pfeffer würzen.

5. Tauen Sie die Gyoza-Blätter auf. Nur 1 Blätterteig vom Stapel nehmen und etwa 11/2 Teelöffel der Füllung in die Mitte geben. Den Teigrand rundum mit etwas kaltem Wasser bestreichen, die untere Teighälfte über die Füllung klappen und auf einer Seite wellenförmig ausdrücken. Mit den restlichen Füllungs- und Teigblättern ebenso verfahren, jeweils nur 1 Blatt verwenden, damit der dünne Teig nicht austrocknet, insgesamt 24 Gyozas zubereiten.

6. 2-3 EL Öl in einer großen beschichteten Pfanne erhitzen. Etwa 12 Knödel mit der Riffelnaht nach oben 2 Minuten bei starker Hitze knusprig braten. Dann zugedeckt bei

schwacher bis mittlerer Hitze etwa 4-5 Minuten garen.
7. Die fertigen Knödel vorsichtig vom Pfannenboden nehmen und warm halten. Machen Sie dasselbe mit den restlichen Gyozas. Die Gyozas mit der Sauce servieren.

15. Spargelsalat mit Rinder-Tataki

Zutaten

Tataki

- 400 Gramm Rinderfilets (am besten Bio)
- 1 Teelöffel Sesamöl (geröstet)
- 3 EL Sojasauce
- 30 Gramm geklärte Butter

Dressing

- 2 Schalotten

- 200 Milliliter Gemüsebrühe
- 5 EL Limettensaft
- 5 EL Öl (zB Erdnussöl)
- 2 Teelöffel Sesamöl (geröstet)
- 1 Teelöffel Wasabi
- Pfeffer (frisch gemahlen)
- 1 Teelöffel Ingwersirup

Salat

- 1 Kilogramm Spargelspitzen (farbige, alternativ grüne und weiße Spargelstangen)
- 100 Gramm Shiitake-Pilze
- 100 Gramm braune Champignons
- Salz
- 20 Gramm Butter
- 1 Teelöffel Zucker
- 1 Bund Rakete
- 1 Teelöffel Sesamkörner

Vorbereitung

Für die Tataki

1. Das Fleisch mit Küchenpapier trocken tupfen. Sesamöl und Sojasauce mischen und das Fleisch damit bestreichen. In

Frischhaltefolie wickeln und etwa 2 Stunden im Kühlschrank ruhen lassen.

2. Nehmen Sie das Fleisch aus der Folie und lassen Sie es 30 Minuten bei Raumtemperatur ruhen und temperieren. Butterschmalz in einer Pfanne erhitzen und das Fleisch von allen Seiten scharf anbraten. Dann aus der Pfanne nehmen, in Alufolie wickeln und vollständig abkühlen lassen. Später das Fleisch in sehr dünne Scheiben schneiden und zum Servieren auf den Salat legen.

Für das Dressing

1. Schalotten schälen und fein würfeln. Die Brühe zum Kochen bringen und die Schalottenwürfel darin ca. 1 Minute garen. Limettensaft, Erdnuss- und Sesamöl, Wasabi, Pfeffer und Ingwersirup unterrühren. Das Dressing nach Geschmack würzen und beiseite stellen.

Für den Salat

2. Die Spargelspitzen abspülen und die Enden kurz schneiden. Ganze Spargelstangen schälen und in 2-3 cm lange Stücke

schneiden. Von den Shiitake-Pilzen die Stiele entfernen und die Kappen in Scheiben schneiden. Die Champignons putzen und je nach Größe vierteln oder achteln.

3. Bringen Sie viel Wasser, etwas Salz, Butter und Zucker zum Kochen. Den Spargel darin 4-6 Minuten garen. Die Shiitake-Pilze hinzufügen und eine weitere Minute kochen lassen. 2-3 Esslöffel Spargelwasser in das Dressing einrühren. Spargel und Shiitake-Pilze abtropfen lassen, kurz abtropfen lassen und vorsichtig mit dem warmen Dressing mischen. Etwa 1 Stunde ziehen lassen.

4. Rucola sortieren, abspülen, trocken schütteln und mit den Champignons unter den Spargel heben. Den Salat noch einmal mit Salz und Pfeffer würzen. Die Fleischscheiben auf dem Salat anrichten.

5. Sesam in einer Pfanne goldbraun rösten, herausnehmen. Mit etwas Pfeffer über den Salat streuen und servieren.

16. Matcha-Eis

Zutaten

- 2 EL Matcha (Matcha-Teepulver)
- 140 Gramm Zucker
- 4. Bio-Eigelb
- 200 Milliliter Milch
- 200 Gramm Schlagsahne
- 200 Gramm Blaubeeren
- Matcha (Matcha-Teepulver zum Bestäuben)

Vorbereitung

1. Matcha-Pulver und 2 EL Zucker mischen. Eigelb und restlichen Zucker mit dem

Handrührgerät mindestens 5 Minuten schaumig schlagen.

2. Die Milch in einem Topf vorsichtig erhitzen (bis ca. 80 Grad), dann einige Löffel der Milch ohne weitere Hitzeeinwirkung in die Teepulvermischung geben und gut umrühren, damit keine Klumpen zu sehen sind. Dann die Teepaste zur restlichen warmen Milch geben und gut verrühren.

3. Die Eigelbcreme zur Matcha-Milchmischung geben, gut verrühren und abkühlen lassen. Sahne steif schlagen und unterheben.

4. Gießen Sie die Mischung in die laufende Eismaschine und lassen Sie sie 30 Minuten lang cremig einfrieren.

5. Gießen Sie die Sahne ohne Eismaschine in eine Metallform und stellen Sie sie in den Gefrierschrank.

6. Nach 30 Minuten die Mischung kurz umrühren, erneut einfrieren und nach 1 Stunde erneut gut rühren. Anschließend für mindestens 2 Stunden in den Gefrierschrank stellen.

7. Heidelbeeren sortieren, abspülen und auf Küchenpapier gut abtropfen lassen. Das Eis

mit einem Eisportionierer zu Kugeln formen und mit den Blaubeeren servieren.
8. Mit etwas Teepulver bestäubt servieren.

17. Matcha Latte

Zutaten

- 1 Teelöffel Matcha (Matcha-Teepulver)
- 400 Milliliter Milch (alternativ Soja- oder Mandelmilch)
- Matcha (Matcha-Teepulver zum Bestäuben)

Vorbereitung

1. Matcha-Pulver in eine Schüssel mit 100 ml heißem Wasser geben und mit einem Bambusbesen für Matcha-Tee schaumig schlagen (oder einen kleinen Schneebesen verwenden).
2. Teilen Sie den Tee auf die 2 Gläser auf.
3. Milch erhitzen (nicht kochen) und mit einem Milchaufschäumer cremig schlagen.
4. Gießen Sie langsam Milch in den Tee. Mit etwas Matcha-Pulver bestäuben und den Matcha-Latte sofort servieren.

18. Ramen-Brot

Zutaten

- 500 Gramm Chicken Wings (am besten Bio)
- 800 Gramm Schweinebauch (frisch, vorzugsweise Bio)
- 80 Gramm Ingwer
- 4 Knoblauchzehen
- 1 Stange Lauch
- 500 Gramm Karotten
- 100 Milliliter Sojasauce
- 100 Milliliter Mirin (Reiswein zum Kochen)
- Salz
- 25 Gramm Butter (kalt)

Kombu Dashi (Algenpilz weich)

- 1 Stück Algen (Kombu Algen, getrocknete Algen, ca. 8 g)
- 4 getrocknete Shiitake (25 g)

Vorbereitung

1. Backofen auf 220 Grad vorheizen, Umluft 200 Grad, Gasstufe 5.
2. Hähnchenflügel abspülen, trocken tupfen und auf einem Backblech verteilen. Auf der obersten Schiene im Ofen etwa 30 Minuten goldbraun rösten. Legen Sie den Schweinebauch in ein Sieb und legen Sie ihn in eine große Schüssel oder in die Spüle. Das Fleisch mit kochendem Wasser übergießen (um eventuelle Trübungen im späteren Fond zu vermeiden).
3. Ingwer schälen und in Scheiben schneiden. Drücken Sie den Knoblauch auf die Arbeitsfläche und entfernen Sie die Schale. Lauch putzen, waschen und in kleine Würfel schneiden. Die Karotten schälen und ebenfalls würfeln.
4. Das vorbereitete Gemüse, die gebratenen Hähnchenflügel und den Schweinebauch in

einen großen Topf oder Bräter geben. 3–3,5 Liter kaltes Wasser (ausreichend um alles gut zu bedecken), Sojasauce und Mirin dazugeben und mit 1 TL Salz würzen. Bei mittlerer Hitze langsam aufkochen, dann ohne Deckel ca. 3 Stunden ganz sanft köcheln lassen. Bei Schaumbildung abschöpfen.

Für das Kombu Dashi

1. Die Kombualgen halbieren und in heißem Wasser ca. 10 Minuten einweichen. Den Shiitake kurz in warmem Wasser einweichen.
2. Nehmen Sie den Kombu und Shiitake aus dem Wasser. Zusammen in einem kleinen Topf mit 250 ml Wasser bei schwacher bis mittlerer Hitze ca. 20 Minuten köcheln lassen; nicht sprudelnd kochen, sonst könnte der Geschmack sauer werden.
3. Den Algenfond durch ein feines Sieb gießen und beiseite stellen (ergibt ca. 140 ml). Verwenden Sie Shiitake und Kombu nicht weiter.
4. Den Schweinebauch aus der Fleischbrühe nehmen, eventuell für „Ramen mit Schweinebauch und Ei" verwenden.

Entfernen Sie auch die Flügel (siehe Tipps). Die Brühe durch ein mit Käsetuch ausgelegtes Sieb gießen.
5. Die Brühe erneut erhitzen, die Butter dazugeben und mit einem Schneebesen kräftig verrühren. Anschließend das Kombu Dashi dazugießen, abschmecken und weiterverwenden.

19. Ramen mit Hühnchen und Kürbis

Zutaten

- 400 Gramm Hähnchenbrustfilets (am besten Bio)
- EL Sojasauce (Soja-Sesamsauce)
- EL Chilisauce
- 3 EL Sesamkörner
- ½ Teelöffel Salz

- 40 Gramm Ingwer
- 250 Gramm Hokkaido
- ½ Bund Koriander
- 1⅓. Liter Brühe (Ramenbrühe)
- 250 Gramm Soba (aus Buchweizen- oder Weizen-Ramen-Nudeln)
- 3 EL Miso (helle Paste, 75 g)

Vorbereitung

1. Hähnchenbrustfilets abspülen, trocken tupfen und mit je 2 EL Saucen einreiben. Abgedeckt mindestens 2 Stunden, vorzugsweise über Nacht, bei Raumtemperatur abkühlen lassen.
2. Sesam und Salz in einer Pfanne goldbraun rösten, herausnehmen.
3. Ingwer schälen und in sehr feine Streifen schneiden. Den Kürbis gut waschen, putzen und in etwa 1/2 cm dicke Scheiben schneiden. Wenn nötig, große Lücken halbieren. Koriander waschen, trocken tupfen und die Blätter von den Stielen zupfen.
4. Die Brühe zum Kochen bringen und die Hähnchenfilets bei schwacher Hitze 15–20 Minuten köcheln lassen. Fleisch aus der

Brühe nehmen, abdecken und kurz ruhen lassen.

5. Kürbisspalten und Ingwer in die heiße Brühe geben, zudecken und ca. 7 Minuten garen. Kürbis und Ingwer mit einer Schaumkelle herausnehmen und warm halten.
6. Nudeln nach Packungsangabe in Wasser kochen, abtropfen lassen. Miso in die heiße Brühe geben und kurz mit dem Stabmixer mixen. Hähnchenfilets in dünne Scheiben schneiden.
7. Jeweils 1-2 Esslöffel der beiden Würzsaucen in 4 vorgewärmte Suppenschüsseln geben. Nudeln, Hühnchen, Kürbis und Ingwer auf den Schalen verteilen und mit der heißen Miso-Brühe übergießen. Sesamsalz und Korianderblätter darüberstreuen und servieren. Wer mag, kann die Suppe mit den beiden Saucen abschmecken.

20. Ramen mit Pilzen, Tofu und Kimchi

Zutaten

- 300 Gramm Tofu (weich)
- 6 EL Sojasauce (Soja-Sesamsauce)
- 6 EL Chilisauce
- 1 Bund Schnittlauch
- 1⅓. Liter Brühe (Ramenbrühe)
- 100 Gramm braune Champignons (oder Shiitake-Pilze)
- 250 Gramm Ramen-Nudeln (oder dicke Udon-Nudeln aus Weizen)
- 100 Gramm Gemüse (Kimchi, koreanisches eingelegtes Gemüse)

- 1 EL schwarzer Sesam

Vorbereitung

1. Tofu in 2 cm große Würfel schneiden, mit je 2 Esslöffeln der Saucen mischen und mindestens 10 Minuten ruhen lassen. Schnittlauch waschen, trocken tupfen und in 3-4 cm lange Stücke schneiden.
2. Bringen Sie die Brühe zum Kochen. Die Champignons putzen, die kleinen Exemplare quer auf dem Champignonkopf einschneiden, die größeren halbieren oder vierteln. Champignons in die Brühe geben und bei mittlerer Hitze etwa 10 Minuten köcheln lassen. Tofu in die Brühe geben und darin erhitzen. Die Nudeln nach Packungsanweisung kochen und abtropfen lassen.
3. Kimchi abtropfen lassen, in mundgerechte Stücke schneiden und auf 4 vorgewärmte Suppenteller verteilen. 1 EL der scharfen Saucen darüber träufeln und die Nudeln auf den Schalen verteilen.
4. Die Pilze, Tofu und Brühe ebenfalls auf die Schalen verteilen. Mit Schnittlauch und Sesam bestreut servieren. Wer mag, kann

die Suppe mit den beiden Saucen abschmecken.

21. Ramen mit Schweinebauch und Ei

Zutaten

- 4 Bio-Eier
- 9 EL Sojasauce (Soja-Sesamsauce)
- 200 Gramm Radieschen (weiß)
- 1 Teelöffel Butter
- 3 EL Semmelbrösel (frisch oder Panko, japanische Semmelbrösel)
- 1 Prise Salz

- 3 Frühlingszwiebeln
- 800 Gramm Schweinebauch (kalt, gekocht)
- EL Chilisauce
- 250 Gramm Ramen-Nudeln
- 1⅓. Liter Brühe (Ramenbrühe)
- 1 Teelöffel Chilis (Togarashi, japanische Chilimischung oder eine halbe Mischung aus Chiliflocken und schwarzem Sesam)

Vorbereitung

1. Backofen auf 200 Grad vorheizen, Umluft 180 Grad, Gasstufe 4.
2. Die Eier einstechen und etwa 7 Minuten in Wasser kochen, bis sie wachsartig sind. Abgießen, mit kaltem Wasser abspülen und schälen. 3-4 Esslöffel Soja-Sesamsauce über die Eier gießen und mindestens 30 Minuten ziehen lassen.
3. Den Rettich schälen und grob reiben. Butter in einer Pfanne erhitzen, Semmelbrösel rösten und salzen, bis sie goldbraun sind. Frühlingszwiebeln putzen und waschen, in feine Ringe schneiden.
4. Die Schwarte und eventuell etwas Fett vom Schweinebauch entfernen. Bauch in 1 cm dicke Scheiben schneiden, in eine

Auflaufform legen, mit 2-3 EL Soja, Sesam und 2 EL Chilisauce beträufeln. Etwa 10 Minuten in den heißen Ofen stellen.

5. Ramennudeln nach Packungsanleitung kochen und abtropfen lassen. Bringen Sie die Ramen-Brühe zum Kochen. Die Eier halbieren.
6. Je 1 Esslöffel Soja-Sesam und Chilisauce in 4 vorgewärmte Suppenschüsseln geben. Die Nudeln auf den Schüsseln verteilen und mit der heißen Brühe auffüllen. Den Schweinebauch, die Eihälften, den Rettich und die Frühlingszwiebeln darauf verteilen. Mit den Semmelbröseln und eventuell Togarashi bestreuen und sofort servieren.

22. Radicchio Fittata mit Surimi

Zutaten

- 1 rote Zwiebel (60g, fein gewürfelt)
- 1 Knoblauchzehe (gehackt)
- 2 Teelöffel Olivenöl
- 80 Gramm Radicchio (dünn geschnitten)
- 2 Bio-Eier (Größe M)
- 50 Gramm fettarmer Hüttenkäse
- 1 EL Parmesan (gerieben)
- Salz
- Pfeffer (frisch gemahlen)
- 20 Gramm Kapern (fein)
- 60 Gramm Kirschtomaten (halbiert)

- 3 Stück Surimi (Sticks, 50 g)
- Kräuterblätter (eventuell ein paar grüne)

Vorbereitung

1. Backofen auf 180 Grad vorheizen, Umluft 160 Grad, Gasstufe 3.
2. Zwiebel und Knoblauch in einer beschichteten Pfanne in Olivenöl anbraten. Radicchio zugeben und 2-3 Minuten kochen lassen.
3. Eier, Quark, Parmesan, Salz und Pfeffer verrühren. Die Eiermischung über das Gemüse gießen und in der Pfanne gut verrühren. Mit Kapern bestreuen und das Ei bei schwacher Hitze ca. 2-3 Minuten gehen lassen. Die Frittata im Ofen auf der mittleren Schiene 15–20 Minuten backen. Den Pfannenstiel ggf. mit Alufolie umwickeln.
4. Frittata herausnehmen und mit Tomaten, Surimi und eventuell ein paar Kräuterblättern servieren.

23. Gegrillter Lachs mit Teriyakisauce

Zutaten

- 4 Stück Lachssteaks (je ca. 250g)
- 2 Teelöffel Zucker
- 2 EL Sake (alternativ Weißwein oder milder Sherry)
- 2 EL Reiswein (Mirin)
- 4 EL Sojasauce (japanisch)
- 1 Packung Kresse
- 1 Stück Rettich (ca. 15 cm, weiß, gerieben)
- Öl zum braten)

Vorbereitung

1. Die Lachssteaks abtupfen und Haut und Knochen entfernen.
2. Für die Teriyakisauce Zucker, Sake, Reiswein und Sojasauce verrühren, bis sich der Zucker aufgelöst hat (ggf. leicht erwärmen).
3. Den Lachs etwa 10 Minuten in die Sauce legen und häufig wenden.
4. Zubereitung auf dem Grill: Den Fisch abtropfen lassen und auf einem Kuchengitter von jeder Seite ca. 3 Minuten grillen. Den Rest der Marinade über den Fisch träufeln.
5. Zubereitung in der Pfanne: Öl erhitzen und den Fisch von jeder Seite ca. 3 Minuten braten. Das überschüssige Öl abgießen, die restliche Marinade in der Pfanne erhitzen und den Lachs einige Minuten in der Sauce einweichen.
6. Den Lachs mit der restlichen Marinade auf vier Tellern anrichten. Mit der gereinigten Kresse und geriebenem Rettich garnieren.

24. Glasierte Hähnchenbrustfilets

Zutaten

- 2 Hähnchenbrustfilets (ca. 400 g; idealerweise Bio)
- 1 Stück Ingwer (frisch, 2 cm)
- 1 Knoblauchzehe
- 150 Milliliter Reiswein (süß, Mirin; alternativ Sherry)
- 150 Milliliter Sojasauce (japanisch)
- 3 EL brauner Zucker
- Salz
- 3 EL Sesamöl
- 1½ EL Erdnüsse (ungesalzen)

Vorbereitung

1. Hähnchenfilets abspülen und trocken tupfen. Ingwer schälen und reiben oder durch die Knoblauchpresse drücken. Die Knoblauchzehe schälen und zerdrücken. Ingwer und Knoblauch mit Reiswein, Sojasauce, Zucker, einer Prise Salz und 1 TL Sesamöl mischen.
2. Das Fleisch in eine kleine Schüssel geben und mit der Marinade bedecken. Abgedeckt im Kühlschrank mindestens 3 Stunden ruhen lassen, am besten über Nacht. Das Fleisch bei Bedarf einmal wenden.
3. Hähnchenbrust aus der Marinade nehmen und gut abtropfen lassen. Restliches Öl in einer kleinen Pfanne erhitzen und die Filets 2-3 Minuten von jeder Seite braten. Das Öl abgießen und die Marinade zum Fleisch in die Pfanne geben.
4. In einer geschlossenen Pfanne bei schwacher Hitze etwa 20 Minuten köcheln lassen. Deckel abnehmen und das Fleisch weitere 5 Minuten in der offenen Pfanne köcheln lassen, bis die Soße wie ein Sirup eingekocht ist.

5. Filets in Scheiben schneiden und auf Reis und Gemüse servieren. Erdnüsse grob hacken und über das Fleisch streuen. Etwas Sauce darüber träufeln.

25. Soba-Nudeln mit Sesam-Tofu

Zutaten

- 10 Gramm Ingwer (frisch)
- 4 EL Sojasauce (Hölle)
- 300 Gramm Tofu
- 2 Daikonkresse (ca. 40 g; siehe Tipp)
- 300 Gramm Soba
- 1 Dose Bohnen
- 3 EL Sesamsamen (Hölle)

- 4 EL Erdnussöl
- 4 EL Bohnensauce (schwarz, siehe Tipp)
- Pfeffer (frisch gemahlen)
- 1 Limette

Vorbereitung

1. Ingwer schälen, fein würfeln und mit der Sojasauce vermischen. Tofu abtropfen lassen, trocken tupfen und in 6 Scheiben schneiden. Die Scheiben schräg halbieren und in der Soja-Ingwer-Sauce 10 Minuten marinieren, dabei einmal wenden. Die Daikonkresse mit einer Schere aus den Beeten schneiden, abspülen und trocken schleudern.
2. Die Soba-Nudeln in reichlich kochendem Wasser ca. 3 Minuten unter gelegentlichem Rühren kochen, bis sie bissfest sind. In ein Sieb gießen und 100 ml Nudelwasser auffangen. Die Nudeln mit kaltem Wasser abspülen und gut abtropfen lassen. Die schwarzen Bohnen in ein Sieb geben, mit kaltem Wasser abspülen und gut abtropfen lassen. Die Tofuscheiben aus der Marinade

nehmen, abtropfen lassen und den Sesam unterheben. Zur Seite legen. 2 EL Öl in einer großen beschichteten Pfanne erhitzen und die Tofuscheiben bei mittlerer Hitze beidseitig anbraten. Tofu beiseite stellen und warm halten.

3. Restliches Öl in einem Wok oder einer großen beschichteten Pfanne erhitzen und die Bohnen bei mittlerer Hitze kurz anbraten. Die Bohnensauce dazugeben und 1 Minute köcheln lassen. Die Nudeln dazugeben und weitere 1–2 Minuten unter Rühren kochen, dabei nach und nach das Nudelwasser eingießen. Pfeffer. Nudeln, Tofu und Kresse anrichten und mit Limettenspalten servieren.

26. California Rolls mit Garnelen

Zutaten

- 250 Gramm Sushi-Reis
- 5 Esslöffel Reisessig
- 1 Esslöffel Zucker
- 1 Teelöffel Salz
- 100 Gramm gefrorene Garnelen (vorgegart, geschält und entdarmt)
- 1 Avocado (reif)
- 4 Nori (getrocknete Algenblätter)
- 1 Teelöffel Wasabi (japanische Meerrettichpaste)
- 2½ EL Mayonnaise

- 7 EL Sesamkörner

Vorbereitung

1. Reis in einem Sieb abspülen, bis das Wasser klar ist. Reis und 300 ml Wasser zum Kochen bringen, 2 Minuten kochen und mit der ausgeschalteten Kochplatte abdecken, ca. 15 Minuten einweichen. Essig, Zucker und Salz unter Rühren erhitzen, damit sich der Zucker auflöst.
2. Den gekochten Reis in eine Glasschüssel geben und die Essigmischung darüber gießen. Mit einem Spatel ca. 2 Minuten arbeiten (immer wieder wenden), damit sich die Essigmischung gut verteilt und der Reis etwas abkühlt. Den Reis abdecken und beiseite stellen.
3. Garnelen auftauen, bei Bedarf abspülen, trocken tupfen und längs halbieren. Avocado entsteinen und schälen und das Fruchtfleisch in etwa 1 x 4 cm lange Stifte schneiden. Eine Bambusmatte für Sushi-Rollen auf der Arbeitsfläche ausbreiten und gut anfeuchten. Befeuchten Sie Ihre Hände und verteilen Sie 1/4 des Reis gleichmäßig auf der Matte (ca. 1/2 cm dick). 1 Noriblatt

darauf legen (mit der rauen Seite auf den Reis). Mit etwas Wasabi und Mayonnaise dünn bestreichen. In der Mitte des Blattes eine schmale "Straße" mit Avocado-Sticks und Garnelen legen.

4. Den Reis mit der Matte von einer Seite fest aufrollen. Jede Rolle in knapp 2 EL Sesam einrollen, in Frischhaltefolie wickeln und in den Kühlschrank stellen. Auf diese Weise fortfahren, bis alle 4 Rollen fertig sind. Wickeln Sie die Folienrollen aus und schneiden Sie sie jeweils mit einem scharfen Messer in 6 Stücke. Tauchen Sie das Messer am besten vorher in heißes Wasser, damit der Reis nicht daran kleben bleibt.

27. Gebackenes Sushi

Zutaten

- 100 Gramm Tempura-Teig (aus dem Asia-Shop)
- 1 Ei
- 50 Milliliter Sojasauce
- 50 Milliliter Ketjap Manis (indonesische süße Sojasauce)
- 1 Esslöffel Zucker
- 200 Gramm Lachsfilets (sehr frisch; Sushi-Qualität)
- 4 Frühlingszwiebeln
- 3 Nori (getrocknete Algen)

- 1 Rezept Sushi-Reis (siehe Tipp)
- 1 EL Wasabi (grüne Meerrettichpaste)
- ½ Liter Öl (zum Frittieren, neutral)

Vorbereitung

1. Das Tempura-Teigpulver mit dem Ei und 75 ml Wasser glatt rühren und zum Quellen beiseite stellen. Sojasauce, Ketjap Manis und Zucker aufkochen und ca. 4 Minuten sirupartig reduzieren. Zur Seite legen.
2. Lachs kalt abspülen, trocken tupfen und in ca. 5 mm dicke Streifen schneiden. Die Frühlingszwiebeln putzen und abspülen und das Dunkelgrün entfernen. Die Frühlingszwiebeln in lange Streifen schneiden. Nori-Blätter halbieren.
3. Legen Sie ein Stück Frischhaltefolie auf die Bambusmatte und eine Nori-Blatthälfte darauf. Befeuchten Sie die Hände mit Wasser. Etwas Sushi-Reis fast 1 cm hoch auf dem Algenblatt verteilen. Oben 1 cm frei lassen. Drücken Sie den Reis nicht zu fest.
4. Im unteren Drittel einen Längsstreifen Wasabi (Vorsicht, sehr scharf!) verteilen. Lachs und Frühlingszwiebeln darauf legen. Mit der Bambusmatte die Füllung mit dem

Nori-Blatt aufrollen und mit Frischhaltefolie um die Rolle wickeln. Drücken Sie die Rolle mit der Matte fest. Aus den restlichen Zutaten weitere 5 Rollen wie beschrieben formen. Die Rollen mit einem scharfen Messer, das mehrmals in kaltes Wasser getaucht wurde, in 4 gleichmäßige Stücke schneiden.

5. Öl in einem kleinen, hohen Topf erhitzen (die Temperatur ist richtig, wenn sich auf einem in das heiße Öl getauchten Holzlöffelstiel kleine Bläschen bilden). Die Sushistücke portionsweise in den Tempura-Teig tauchen, kurz abtropfen lassen und sofort im heißen Öl ca. 2 Minuten goldbraun backen. Auf Küchenpapier kurz abtropfen lassen. Servieren Sie das gebratene Sushi mit der gekochten Sauce.

28. Maki Sushi mit Thunfisch und Gurke

Zutaten

- 1 Stück Gurke (100 g)
- 100 Gramm Thunfisch (sehr frisch)
- 3 Nori (getrocknete Algen)
- 1 Rezept Sushi-Reis (Grundrezept Sushi-Reis)
- 2 EL Wasabi (grüne Meerrettichpaste)

Vorbereitung

1. Gurke schälen und längs halbieren. Entferne die Kerne mit einem Löffel und schneide die Gurke der Länge nach in Streifen. Den

Thunfisch in etwa 5 mm dicke Streifen schneiden. Die Noriblätter halbieren.

Rollen-Sushi:

2. Dazu Frischhaltefolie auf eine Bambusmatte legen und ein Nori-Blatt zur Hälfte darauf legen. Befeuchten Sie die Hände mit Wasser. Etwa 1 cm hoch auf dem Nori-Blatt etwas Sushi-Reis verteilen, dabei oben 1 cm frei lassen. Drücken Sie den Reis nicht zu fest. Einen dünnen Wasabistreifen auf das untere Drittel des Blattes legen (Vorsicht, es ist sehr heiß!). Gurke oder Thunfisch darauf legen.
3. Mit der Bambusmatte die Füllung mit dem Nori-Blatt vorsichtig aufrollen und die Frischhaltefolie um die Rolle wickeln. Drücken Sie die Rolle mit der Matte fest. Die Rolle mit den Händen an einer Längsseite etwas flach drücken, dadurch bekommen die Rollen später ihre Tropfenform.)
4. Machen Sie 5 weitere Rollen wie beschrieben. Schneiden Sie die Rollen mit einem scharfen Messer, das mehrmals in kaltes Wasser getaucht wird, in 8 gleichmäßige Stücke.

29. Forelle mit Keta-Kaviar auf Enoki-Pilzen

Zutaten

- 200 Gramm Forellenfilets (sehr frisch, ohne Haut)
- 100 Gramm Enoki-Pilze (Asiatischer Shop, alternativ Pilz in hauchdünnen Scheiben oder Rettichstreifen)
- 100 Gramm Keta
- 1 EL Wasabi (grüne scharfe Meerrettichpaste)
- Sojasauce

Vorbereitung

1. Forellenfilets waschen, trocken tupfen und in Scheiben schneiden. Die Enoki-Pilze von den Wurzeln in Bündel schneiden und auf eine Platte legen. Den Fisch auf die Pilze legen und den Forellenkaviar darauf verteilen. Auf jedes Forellenstück eine Prise Wasabi geben. Den Fisch gut gekühlt mit Sojasauce servieren.

30. Seezunge auf Zitrone mit Eigelb

Zutaten

- ½ Bio-Zitronen
- 150 Gramm Seezungenfilets (sehr frisch)
- 1 Rübenkresse (oder Gartenkresse)

Vorbereitung

1. Das Ei in 10 Minuten hart kochen, mit kaltem Wasser abspülen und die Schale entfernen. Eigelb vorsichtig herauslösen und durch ein Sieb streichen (ansonsten Eiweiß verwenden).

2. Zitrone heiß abspülen, halbieren und in sehr dünne Scheiben schneiden. Zitronenspalten auf einen Teller legen. Fisch kalt abspülen, trocken tupfen und in dünne Scheiben schneiden. Die Scheiben auf der Zitrone anrichten. Schneide die Kresse vom Bett ab. Eigelb und Kresse auf den Fisch geben.

HAUPTGERICHT

31. Alpenlachs in japanischer Marinade

Zutaten

- 1 Stk. Alpenlachsfilet (600-800g)
- 2 Schalotten
- 15 g Ingwer
- 15 g Knoblauch
- 1 Schote(n) Chili
- 15 Stück Korianderkörner
- 1 Stange(n) Zitronengras
- 1 Limette (nur die dünn geschälte Schale)

- 1 Stück. Lindenblatt
- 75 Gramm Zucker
- 200 ml Sojasauce
- 15 g Korianderblätter (frisch)

Vorbereitung

1. Für den Alpenlachs in japanischer Marinade die Schalotten mit Ingwer, Knoblauch und Chili fein hacken und zusammen mit den Koriandersamen in etwas Erdnussöl rösten, ohne dass sich die Zwiebeln verfärben. Zucker dazugeben und karamellisieren lassen. Mit Sojasauce ablöschen.
2. Das Zitronengras mit der Limettenschale und dem Limettenblatt dazugeben und einreduzieren, bis die Masse etwas dickflüssig ist. Abkühlen lassen und die frisch gehackten Korianderblätter dazugeben.
3. Das Filet waschen und die Haut mit einem scharfen Messer sauber einschneiden. Dann das Filet quer in ca. 3 mm dicke Scheiben. Diese auf ein Backblech legen und die Marinade darüber gießen.

4. Der Alpenlachs in japanischer Marinade entfaltet sein bestes Aroma und die ideale Konsistenz nach ca. 3 Stunden.

32. Alpenlachs in japanischer Marinade

Zutaten

- 300-400 g Lachs, Thunfisch, Butterfisch und / oder Kabeljau
- einige Surimi-Sticks (Krabbenstäbchen)
- 1/2 Avocado

- Zitronensaft
- 1 Gurke (klein)
- Radieschen (weiß und Karotten)
- Ingwer (eingelegt, nach Geschmack)
- Für die Dip-Sauce:
- Sojasauce
- Reisewein

Vorbereitung

1. Die Fischfilets mit einem scharfen Messer - ggf. vorsichtig entbeint - in mundgerechte Stücke oder Scheiben schneiden und kühl stellen. Avocadohälfte schälen, Fruchtfleisch in Streifen schneiden und sofort mit etwas Zitronensaft marinieren. Auch die geschälten Gurken, Radieschen und Karotten in sehr feine Streifen schneiden oder reiben. Die Sojasauce mit etwas Reisewein verdünnen und auf kleine Schüsseln verteilen. Fischstücke und Surimi-Sticks dekorativ auf einer Platte anrichten. Mit dem vorbereiteten Gemüse garnieren und mit Sojasauce und Wasabipaste servieren. Am Tisch mehr oder weniger Wasabipaste unter die Sojasauce rühren. Tauchen Sie nun ein Stück Fisch in

die Sojasauce und genießen Sie es mit etwas Gemüse.

33. Yaki Udon mit Hähnchenbrust

Zutaten

- 200 g Yaki Udon (dicke Weizennudeln)
- 300 g gemischtes Pfannengemüse
- 200 g Hähnchenbrustfilet
- 1 TL Sesamöl
- 4 EL Sonnenblumenöl
- 1/2 Teelöffel Knoblauchchili (Knoblauch mit gehackter Chili vermischt)
- 1 Stück (2 cm) frischer Ingwer
- 2 EL Sojasauce
- 1 EL Zucker
- 1 Teelöffel Sesam zum Garnieren

Vorbereitung

1. Für das Yaki Udon reichlich Wasser zum Kochen bringen und die Nudeln darin ca. 5 Minuten garen. Abseihen, kalt abspülen und abtropfen lassen.
2. Hähnchenfilet und das gereinigte Gemüse in fingerbreite Streifen schneiden, Ingwer hacken.
3. Einen Wok oder eine schwere Pfanne erhitzen, Sesam- und Sonnenblumenöl einfüllen und erhitzen. Gemüse- und Fleischstreifen darin anbraten. Knoblauchchili, Zucker, Sojasauce und Ingwer dazugeben und 3 Minuten braten. Nudeln dazugeben und ebenfalls kurz anbraten.
4. Yaki Udon in Schalen anrichten und vor dem Servieren mit Sesam bestreuen.

34. Gekochter Schweinebauch

Zutaten

- 550 g Schweinebauch (ohne Knochen, aber mit schönen Fleischschichten)
- 1 Stück Ingwer (3 cm)
- 2 Knoblauchzehen
- 1 Zwiebel
- 1000 ml Wasser (kalt)
- Bierrettich (zum Garnieren nach Belieben)

Für die Soße:

- 100 ml Sojasauce
- 5 EL Mirin (alternativ Portwein)
- 1 Stück Ingwer (2 cm, grob gehackt)
- 5 EL Zucker

- 1 EL Sesamöl
- 3 EL Pflanzenöl
- 50 ml japanisches Dashi (oder 1/2 Teelöffel Hondashi-Pulver)

Vorbereitung

1. Für den gekochten Schweinebauch zuerst kaltes Wasser mit Ingwer, Knoblauch, Zwiebeln und Fleisch darüber geben und aufkochen. Dann etwa 1 Stunde köcheln lassen. Das Wasser abseihen und das Fleisch in mundgerechte Stücke schneiden.
2. Für die Sauce alle Zutaten in einem Topf vermengen. Das Fleisch dazugeben und köcheln lassen, bis das Fleisch die Farbe der Sojasauce annimmt und so weich ist, dass es sich problemlos mit Stäbchen essen lässt. Den gekochten Schweinebauch servieren und nach Belieben mit geriebenem Bierrettich garnieren.

35. Rindfleisch-Zwiebel-Röllchen

Zutaten

- 4 Scheibe(n) Lendensteak (hauchdünn oder Roastbeef oder Rinderfilet)
- 4 Frühlingszwiebeln
- 1 Teelöffel Zucker
- 2 TL Sojasauce
- Ingwer (frisch gehackt)
- 1 TL Sherry
- Öl zum braten)

Vorbereitung

1. Für die Rindfleisch-Zwiebel-Röllchen zuerst die Frühlingszwiebeln der Länge nach in Streifen schneiden. Das Fleisch darauf legen, mit Frühlingszwiebelstreifen belegen und fest aufrollen.
2. Für die Marinade Sojasauce, Zucker, etwas Ingwer und Sherry mischen.
3. Die Fleischröllchen einlegen und etwa 30 Minuten marinieren.
4. Dann herausheben und die Rinder-Zwiebel-Röllchen auf dem Grill oder in einer Pfanne (mit etwas heißem Öl) ca. 3 Minuten von beiden Seiten goldbraun braten.

36. Yaki-Tori (gegrillte Hähnchenspieße)

Zutaten

- 400 g gelockerte Hähnchenkeulen
- 2 Stange(n) Lauch (dünn)
- 200 ml Hühnersuppe
- 120 ml jap. Sojasauce
- 2 EL Zucker

Vorbereitung

1. Für die Yaki Tori acht Holzspieße über Nacht in Wasser einweichen.
2. Schneiden Sie das Huhn in kleinere Würfel oder Stücke (ca. 2,5 cm groß). Lauch waschen und in 3 cm lange Stücke schneiden.

3. Die Hühnersuppe mit Sojasauce und Zucker bei starker Hitze kurz aufkochen. Nun die Hähnchenwürfel und den Lauch abwechselnd auf jeden Spieß stecken. Die Spieße in die Sauce tauchen, abtropfen lassen und auf eine vorgeheizte Grillplatte legen.
4. Auf beiden Seiten goldbraun grillen. Währenddessen die Yaki-Tori-Spieße immer wieder mit Sauce bestreichen.

37. Gemüsetempura mit Wasabimousseline

Zutaten

- 1/2 Paprika (rot)
- 1/2 Paprika (gelb)
- 250 g Zucchini (und Auberginenscheiben)
- 180 ml Eiswasser
- 1 Eiweiß
- 50 g Reismehl (alternativ Maisstärke)
- 50 g Weizenmehl
- Salz
- Öl (zum Frittieren)

Für die Wasabi-Mousseline:

- 100 g Mayonnaise
- 1 Teelöffel Wasabipaste
- 1 EL Sahne (geschlagen)

Vorbereitung

1. Die Zucchini- und Auberginenscheiben in mundgerechte Scheiben und die entkernte Paprika in 5 mm breite Streifen schneiden. Für den Tempura-Teig das Eiswasser mit Eiweiß, einer Prise Salz, Reismehl und Weizenmehl glatt rühren. In einem Wok reichlich Öl erhitzen. Gemüse leicht salzen, in den Teig tauchen, abtropfen lassen und in heißem Öl (ca. 180 °C) frittieren. Herausheben und auf Küchenpapier abtropfen lassen. Alle Zutaten für die Wasabi-Sauce mischen. Das gebackene Gemüse in Schüsseln oder tiefen Tellern anrichten und mit der Mousseline servieren.

38. Sashimi

Zutaten

- 85 g Thunfisch (frisch zubereitet)
- 85 g Lachs (frisch zubereitet)
- 85 g Meer Barschfilet (frisch zubereitet)
- 85 g Steinbuttfilets (in Topfqualität)
- 40 g Wasabikrenpaste
- 100 g Sushi-Ingwer (eingelegt)
- 1 Bierrettich
- 4 Scheibe(n) Limetten
- Sojasauce (zum Dippen)

Vorbereitung

2. Den Bierrettich schälen, in 10 cm lange Stücke schneiden und diese wiederum in sehr dünne Streifen schneiden. In kaltem Wasser waschen und etwa 10 Minuten einweichen. Dann abseihen und beiseite stellen.
3. Die sehr sorgfältig entgräteten Fischfilets mit einem scharfen Messer in ca. 0,7 cm breite Scheiben schneiden. Diese dann wiederum in etwa 2 cm breite und 3 cm lange Rechtecke schneiden.
4. Anschließend 4 Teller oder Sushiplatten mit Bierrettich, Limettenscheiben, Wasabi und Ingwer garnieren und pro Teller 2 Fischfilets (insgesamt 8 Scheiben Fisch) servieren.
5. Mit Sojasauce servieren.

39. Thunfisch Maki

Zutaten

- 120 g Thunfisch (Sashimi-Qualität)
- 2 Blätter Nori (Algen)
- 640 g gekochter Sushi-Reis (siehe Rezept)
- 20 g Wasabikren-Paste
- 100 g eingelegter Sushi-Ingwer
- Sojasauce zum Dippen

Vorbereitung

1. Den Thunfisch mit einem scharfen Messer in 1,5 cm breite und ca. 5 cm lange Streifen schneiden. Die Noriblätter vorsichtig mit einer Küchenschere quer halbieren. Eine

Bambusmatte ausrollen und ein halbes Nori-Blatt darauf legen. Etwa 0,5 cm dick mit Sushi-Reis bedecken, oben 1 cm frei lassen. Von rechts nach links in der Mitte eine dünne Schicht Wasabi mit den Fingern auftragen und einen Thunfischstreifen darauflegen. Beginnen Sie unten mit dem Rollen (wo der Reis ist). Die Matte so formen, dass die Rolle rechteckig ist, damit die Nori-Blätter nicht brechen. Drücken Sie leicht auf die Bambusrolle. Entfernen Sie die Bambusmatte und bereiten Sie die restlichen Maki-Rollen auf die gleiche Weise vor. Befeuchten Sie die Messerklinge kurz mit kaltem Wasser und schneiden Sie die Rollen in sechs gleich große Stücke. Maki auf einem Teller oder einer Sushiplatte anrichten und mit Wasabi und Ingwer garnieren. Mit Sojasauce servieren.

40. Gemüsetempura

Zutaten

- Gemischtes Gemüse (je nach Angebot)
- Salz
- Pflanzenöl

Für den Tempura-Teig:

- 200 g Mehl
- 200 g Süßkartoffelmehl (alternativ Kartoffelmehl)
- 2 EL Zucker
- 1/2 EL Salz
- 300 ml eiskaltes Wasser
- 4 Eigelb

Für die Soße:

- 5 EL Sojasauce
- 5 EL Wasser
- 2 EL Ahornsirup
- Etwas gehackter Ingwer
- 1 gehackte Frühlingszwiebel

Vorbereitung

1. Das gereinigte Gemüse schräg in ca. 3 mm dicke Scheiben schneiden und leicht salzen. Für den Teig beide Mehlsorten mit Zucker und Salz sieben. Etwa ein Drittel beiseite stellen und die Gemüsescheiben darin wenden. Das eiskalte Wasser mit dem Eigelb gut vermischen und das restliche Mehl in zwei Portionen einrühren. Zuerst die Masse glatt rühren und dann mit einer Gabel (niemals mit einem Schneebesen!) verrühren, damit der Teig eine eher klumpige Konsistenz hat. Öl in einer tiefen Pfanne erhitzen. Das bemehlte Gemüse durch den Teig ziehen und im heißen Öl einweichen. Auf beiden Seiten goldbraun backen. Herausheben und auf Küchenpapier abtropfen lassen. Anrichten und mit der

vorbereiteten Sauce servieren. Für die Sauce Sojasauce mit Wasser, Ahornsirup, Ingwer und gewürfelten Frühlingszwiebeln mischen.

41. Garnelentempura

Zutaten

- 250 g Garnelenschwänze (mittelgroß, ohne Schale)
- 180 ml Eiswasser
- 50 g Reismehl (alternativ Maisstärke)
- 50 g Weizenmehl
- Salz
- Mehl (zum Glätten)

- Sojasauce
- Wasabikren Paste (und/oder Chilisauce als Beilage)
- Öl (zum Frittieren)

Vorbereitung

1. Für den Tempura-Teig das Eiswasser mit Ei, Salz, Reis und Weizenmehl glatt rühren. Den Rücken der Garnelen so abschneiden, dass das letzte Segment übrig bleibt. Der Schnitt verleiht ihnen beim Braten die typische Schmetterlingsform. Entfernen Sie den Darm. In einem Wok reichlich Öl erhitzen. Die Garnelen in glattem Mehl wenden. Anschließend den Teig nacheinander durchziehen, den Teig abtropfen lassen und in heißem Fett (180°C) goldbraun frittieren. Herausheben und auf Küchenpapier abtropfen lassen. Mit verschiedenen Saucen zum Dippen servieren.

42. Chili-Hühnchen-Reispfanne

Zutaten

- 8 Hähnchenhaxen (klein)
- 1 Packung Knorr Basis Knusprige Hähnchenschenkel
- 1 Würfel Knorr klare Suppe
- 200 g Basmati-Reise
- 4 Tomaten (klein)
- 2 EL Paprikapulver
- 2 EL Tomatenmark
- 1 Stk. Paprika (rot)
- Chili (zum Würzen)
- Petersilie (frisch)

Vorbereitung

2. Für die Chili Chicken Reispfanne die Hähnchenhaxen auf KNORR-Basis nach Packungsanweisung zubereiten.
3. In der Zwischenzeit den Reis in einem Topf ohne Fett rösten. Mit der dreifachen Menge Wasser ablöschen und mit Paprikapulver, Tomatenmark und Suppenwürfel aufkochen. Die Chili-Hühnchen-Reispfanne köcheln lassen, bis der Reis weich ist.
4. In der Zwischenzeit Paprika und Tomaten in große Stücke schneiden und zum Hähnchen geben. Den gekochten Reis mit den Haxen mischen und mit Petersilie servieren.

43. Gyoza

Zutaten

- 200 g Hackfleisch
- 1/2 Stange(n) Lauch
- 3 Blätter Chinakohl
- 1 Scheibe(n) Ingwer (frisch)
- 1 Knoblauchzehe
- 1 EL Sojasauce
- 1/2 Teelöffel Salz
- Pfeffer aus der Mühle)
- 1 Päckchen Wan-Tan-Blätter
- 1 Teelöffel Sesamöl
- 1/2 Tasse (n) Wasser

Für die Dip-Sauce:

- 1/2 Tasse(n) Sojasauce
- 1/2 Tasse(n) Reise
- 1 Teelöffel Knoblauch (fein gehackt)

Vorbereitung

1. Für Gyoza zuerst die Chinakohlblätter kurz blanchieren, fest ausdrücken und in kleine Stücke schneiden. Den Lauch waschen und in kleine Stücke schneiden, wie den Chinakohl. Ingwer und Knoblauch schälen und fein reiben. Chinakohl, Lauch, Hackfleisch, Ingwer, Pfeffer, Salz, Knoblauch und Sojasauce mischen.
2. Die Teigblätter darauf legen und etwas Füllung in die Mitte geben. Den Rand des Teigblattes leicht anfeuchten und die Ränder zu einer Mondsichel zusammendrücken.
3. Öl in einer Pfanne erhitzen und die Gyoza bei mittlerer Hitze 2-3 Minuten braten, bis die Unterseite goldbraun ist. Dann das Wasser dazugeben und in der abgedeckten Bratpfanne kochen, bis das Wasser verdampft ist.

4. Für den Dip die Sojasauce mit Reisessig und Knoblauch mischen. Die Gyoza mit der Sauce anrichten und servieren.

44. Sushi & Maki-Variationen

Zutaten

Für das Reis-Grundrezept:

- 500 g Sushi-Reis
- 2 EL Reisessig
- 1 Teelöffel Zucker
- 1 EL Salz

Für klassisches Lachs-Nigiri:

- Wasabi
- Für das Thunfisch-Maki:
- Yaki Nori-Blatt
- Wasabi
- Thunfisch

Für die California Roll:

- Wasabi
- Gurke
- Avocado
- Garnele
- Sesamsamen (geröstet)

Für Handrolle mit Fischrogen:

- Yaki Nori-Blatt
- Wasabi
- Fischrogen
- Zitrone

Vorbereitung

1. Für die Sushi & Maki-Variationen zuerst den Reis zubereiten.

2. Für den Sushi-Reis den Reis abspülen und 1 Stunde abtropfen lassen, dann den Reis mit der gleichen Menge Wasser dazugeben und bei hoher Temperatur garen. Dann abdecken und die Temperatur wieder auf mittel stellen.

3. Wenn die Reisoberfläche im Topf sichtbar wird, schalten Sie auf die niedrigste Stufe zurück. Wenn das Wasser verdunstet ist, noch einmal 1 Minute erhitzen, dann den Reis vom Küchenherd nehmen und bei geschlossenem Deckel 15 Minuten verdampfen lassen.

4. Reisessig, Zucker und Salz für die Marinade mischen und mit dem noch warmen Langkornreis in einer Backschüssel vermischen. Etwas abkühlen lassen, aber nicht in den Kühlschrank stellen, sonst wird der Reis hart.

5. Für das klassische Lachs-Nigiri aus dem Sushi-Reis mit der nassen Hand kleine Kugeln formen und andrücken. Mit Wasabi bestreichen. Eine große Lachsscheibe darauf legen. Achtung: Sushi niemals zu groß machen, damit Sie es in einem Bissen genießen können.

6. Für den Thunfisch Maki das Yaki Nori Blatt auf die Bambusmatte legen. Mit einer dünnen Schicht Langkornreis bedecken. Mit etwas Wasabi bepinseln. Darauf eine Reihe schmaler Thunfischstreifen legen. Mit der Bambusmatte aufrollen und die Rolle in Scheiben schneiden, um den kleinen Maki zu machen.
7. Für die California Roll die Bambusmatte mit Frischhaltefolie abdecken. Eine dünne Schicht Reis darüber geben. Mit Wasabi bestreichen. Je 1 Streifen Gurke, Avocado und Garnelen in die Mitte legen. Mit der Bambusmatte aufrollen und die fertige Rolle in geröstetem Sesam einrollen. In kleine Scheiben schneiden.
8. Für die Handrolle mit Fischrogen einen Löffel Reis auf ein Yaki Nori-Blatt legen. Rollen Sie das Blatt wie eine Tasche herum. Etwas Wasabi auf dem Reis verteilen und mit Fischrogen (Lachs, Forelle etc.) füllen. Mit einem kleinen Stück Zitrone garnieren.

45. Glasiertes Hühnchen mit Sesam

Zutat

- 1 kg Hähnchenkeulen
- 50 g Ingwer
- 1 Knoblauchzehe
- 100 ml Mirin (süßer Reiswein; alternativ Sherry)
- 100 ml Sojasauce (japanisch)
- 2 EL Zucker
- Salz
- 2 EL Sesamöl

Vorbereitung

1. Für das Hähnchen mit Sesam die Hähnchenschenkel abwaschen und wenn Sie ganze Hähnchenschenkel gekauft haben, die Keulen und Unterschenkel halbieren.
2. Die Schale vom Ingwer entfernen und reiben. Den Knoblauch schälen und zerdrücken. 1 1/2 Teelöffel Ingwer und Knoblauch mit Zucker, Sojasauce, Mirin, einer Prise Salz und einigen Tropfen Sesamöl verrühren. Das Fleisch so in die Marinade legen, dass es von allen Seiten gut bedeckt ist. Abgedeckt mindestens 3 Stunden, am besten eine Nacht, im Kühlschrank ruhen lassen.
3. Das Fleisch aus der Marinade nehmen und gut abtropfen lassen. In heißem Öl von beiden Seiten braun braten. Das Öl abgießen und die Marinade über das Fleisch gießen. In der geschlossenen Pfanne bei niedriger Temperatur 20 Minuten köcheln lassen.
4. Das Fleisch in der offenen Bratpfanne weitere 5 Minuten braten, bis die Sauce sirupartig ist. Das Hühnchen mit

Sesamsamen servieren Sie dann am besten mit einer Schüssel Reis.

46. Japanischer Schweinebraten

Zutaten

- 600 g Schweinefleisch (Schulter oder Trommelstock)
- Salz
- Kümmel
- 50 g Fett
- 10 Gramm Mehl
- 1 Zwiebel (in Scheiben geschnitten)
- 50 g Sellerie (in Scheiben geschnitten)
- 1 EL Senf
- Wasser

Vorbereitung

1. Für den japanischen Schweinebraten Zwiebel und Sellerie in heißem Fett anbraten. Das Fleisch mit Kümmel und Salz einreiben, auf das Gemüse legen und beides anbraten.
2. Nach 1/2 Stunde Wasser übergießen. Etwas später den Senf dazugeben. Zum Schluss den Saft bestäuben, aufkochen und abseihen. Servieren Sie den japanischen Schweinebraten.

47. Okonomyaki

Zutaten

- 300 g Mehl
- 200 ml Wasser
- 2 Eier
- 1 Kopf Weißkohl
- 10 Scheibe(n) Speck
- 10 Scheibe(n) Putenfleisch
- 5 Pilze

Vorbereitung

1. Für das Okonomiyaki die Zutaten zusammenlegen und auf beiden Seiten in der Pfanne anbraten. Mit Okonomi-Sauce und Katsubushi (getrocknete Fischflocken) und

japanischer Mayonnaise garnieren, falls vorhanden.

48. Maki

Zutaten

- 4 Nori-Blätter
- 1 Tasse(n) Sushi-Reis (Rundkorn)
- 1 Avocado
- ½ Gurke
- 1 Karotte
- 50 g Lachs
- 2 Surimi-Sticks
- 1 Teelöffel Wasabi
- 2 EL Reisessig
- Zucker
- Sojasauce

Vorbereitung

1. Für die Maki den Sushireis in einem Sieb mit kaltem Wasser abspülen, bis das Wasser klar bleibt. Dies ist wichtig, damit die Stärke entfernt wird und der Reis, der gut klebrig ist, nicht zu sehr klebt.
2. Den Reis nach Packungsanweisung zubereiten, mit Reisessig, Meersalz und etwas Zucker würzen. Den Reis in eine große Schüssel geben und teilen, damit er schneller abkühlen kann.
3. Das gewaschene Gemüse und den Lachs in Streifen schneiden. Ein Nori-Blatt auf die Bambusmatte legen und mit dem fertigen Sushi-Reis bis zum oberen Rand dünn auslegen, ca. 2cm. Es funktioniert besser, wenn Ihre Hände nass sind.
4. Etwas Wasabipaste auf dem Reis verteilen. Gemüse, Lachs oder Surimi nach Belieben mischen, in der Mitte des Reis portionieren. Dann mit der Bambusmatte aufrollen. Kleben Sie das Ende des Nori-Blatts mit Wasser fest. Das fertige Maki kalt stellen und vor dem Servieren in Scheiben schneiden. Mit Sojasauce servieren.

49. Rinderrouladen mit Babykarotten

Zutaten

- 500 g Rindfleisch (sehr dünn geschnitten)
- 24 Babykarotten (oder 1 1/2 Karotten)
- Salz
- Maisstärke
- 1 EL Mirin
- 1 EL Sojasauce
- Pfeffer

Vorbereitung

1. Für die Beef Rolls Mirin und Sojasauce in einer Schüssel mischen. Karotten vierteln und mit Wasser in einen Mikrowellenbehälter geben.

2. 3-4 Minuten in der Mikrowelle kochen. Das Rindfleisch salzen und pfeffern und 2 geviertelte Karotten in je 1 Scheibe rollen. Die fertigen Brötchen in Maisstärke wenden.
3. Öl in einer Pfanne erhitzen und die Brötchen darin anbraten. Die Sauce darüber gießen und eindicken lassen. Die Rinderrouladen mit Reis oder Salat servieren.

50. Asiatische Nudeln mit Rindfleisch

Zutaten

- 200 g Udon-Nudeln
- 300 g Rindfleisch
- 1 Lauch(e)
- 1 EL Sojasauce
- 1 Limette
- 1 Teelöffel Chili (gemahlen)
- 3 EL Sesamöl (zum Braten)
- 50 g Sojasprossen

Vorbereitung

1. Für die asiatischen Nudeln mit Rindfleisch die Nudeln nach Packungsanleitung kochen.
2. Lauch fein hacken und Rindfleisch würfeln. Öl erhitzen und Lauch und Rindfleisch darin anbraten.
3. Sojasprossen, Limettensaft, Chiliflocken und Sojasauce dazugeben und weitere 2 Minuten braten.
4. Die asiatischen Nudeln mit Rindfleisch anrichten und servieren.

GEMÜSEREZEPTE

51. Kleiner Sashimi-Teller

Zutaten

- 300-400 g Lachs, Thunfisch, Butterfisch und / oder Kabeljau
- einige Surimi-Sticks (Krabbenstäbchen)
- 1/2 Avocado
- Zitronensaft
- 1 Gurke (klein)
- Radieschen (weiß und Karotten)

- Ingwer (eingelegt, nach Geschmack)
- Für die Dip-Sauce:
- Sojasauce
- Reisewein
- Wasabikren-Paste

Vorbereitung

1. Die Fischfilets mit einem scharfen Messer – ggf. vorsichtig entbeint – in mundgerechte Stücke oder Scheiben schneiden und kühl stellen. Avocadohälfte schälen, Fruchtfleisch in Streifen schneiden und sofort mit etwas Zitronensaft marinieren. Auch geschälte Gurken, Rettich und Karotten in sehr feine Streifen schneiden oder reiben. Die Sojasauce mit etwas Reisewein verdünnen und auf kleine Schüsseln verteilen. Fischstücke und Surimi-Sticks dekorativ auf einer Platte anrichten. Mit dem vorbereiteten Gemüse garnieren und mit Sojasauce und Wasabipaste servieren. Am Tisch mehr oder weniger Wasabipaste unter die Sojasauce rühren. Tauchen Sie nun ein Stück Fisch in die Sojasauce und genießen Sie es mit etwas Gemüse.

52. Keta-Kaviar auf Daikon-Püree

Zutaten

- 120 g Keta-Kaviar
- 300 g Daikon-Rettich (japanischer Rettich, alternativ andere milde Radieschen)
- 3 EL Sojasauce
- 4 Blätter grüner Salat
- 1 TL Zitronensaft
- 1 Teelöffel frisch geriebener Ingwer
- Wasabikren Paste nach Belieben

Vorbereitung

1. Für den Keta-Kaviar auf Daikon-Püree die gewaschenen, abgetropften Salatblätter auf

4 Tellern anrichten. Rettich mit einer feinen Reibe reiben und in kaltem Wasser waschen. In einem Sieb gut abtropfen lassen und auf 4 Teller verteilen. Den Keta-Kaviar mit Sojasauce mischen und auf dem Daikon-Püree servieren. Den geriebenen Ingwer darüber geben und mit etwas Zitronensaft beträufeln. Nach Belieben mit Wasabi servieren.

53. Koknozu-Salat mit Kichererbsen

Zutaten

- 80 g Kichererbsen
- 40 g grüne Linsen
- 40 g rote Linsen
- 80 g brauner Reis
- 1 Nori-Algenblatt, 30 x 20 cm
- 1/2 Papaya
- 4 EL Bonitoflocken (alternativ geröstete Speckwürfel)
- Frisésalat zum Garnieren nach Belieben
- Salz
- 1/2 Teelöffel Sesamöl
- 8 EL Sushi-Essig

Vorbereitung

1. Die Kichererbsen über Nacht einweichen und am nächsten Tag weich kochen. Linsen in kaltem Wasser 1 Stunde einweichen und dann al dente kochen. Den braunen Reis etwa 20 Minuten weich kochen. (Der Reis darf jedoch nicht zu lange gekocht werden, sonst bricht die Schale.)
2. In der Zwischenzeit das Noriblatt in sehr feine Streifen schneiden. Die Papaya schälen, entkernen und in kleine Stücke schneiden. Mit dem Mixer pürieren. Nun nacheinander grüne und rote Linsen, braunen Reis und zum Schluss die Kichererbsen in kleine Schälchen oder Gläser schichten. Noristreifen und Bonitoflocken darüberstreuen und nach Belieben mit Friséesalat garnieren. Für das Dressing das Papaya-Püree mit Salz, Sesamöl und Essig mischen und in einer separaten Schüssel servieren. Vorsichtig am Tisch mischen.

54. Gemüsetempura

Zutaten

- Gemischtes Gemüse (je nach Angebot)
- Salz
- Pflanzenöl

Für den Tempura-Teig:

- 200 g Mehl
- 200 g Süßkartoffelmehl (alternativ Kartoffelmehl)
- 2 EL Zucker
- 1/2 EL Salz
- 300 ml eiskaltes Wasser
- 4 Eigelb

Für die Soße:

- 5 EL Sojasauce
- 5 EL Wasser
- 2 EL Ahornsirup
- Etwas gehackter Ingwer
- 1 gehackte Frühlingszwiebel

Vorbereitung

2. Das gereinigte Gemüse schräg in ca. 3 mm dicke Scheiben schneiden und leicht salzen. Für den Teig beide Mehlsorten mit Zucker und Salz sieben. Etwa ein Drittel beiseite stellen und die Gemüsescheiben darin wenden. Das eiskalte Wasser mit dem Eigelb gut vermischen und das restliche Mehl in zwei Portionen einrühren. Zuerst die Masse glatt rühren und dann mit einer Gabel (niemals mit einem Schneebesen!) verrühren, damit der Teig eine eher klumpige Konsistenz hat. Öl in einer tiefen Pfanne erhitzen. Das bemehlte Gemüse durch den Teig ziehen und im heißen Öl einweichen. Auf beiden Seiten goldbraun backen. Herausheben und auf Küchenpapier abtropfen lassen. Anrichten und mit der

vorbereiteten Sauce servieren. Für die Sauce Sojasauce mit Wasser, Ahornsirup, Ingwer und gewürfelten Frühlingszwiebeln mischen.

55. Gemüse-Maki

Zutaten

- 4 Stück. Nori-Blätter
- 3 EL japanische Reisetasche
- 1 Tasse(n) Sushi-Reis (ca. 250g)
- 2 EL Zucker
- 1 EL Salz

- Gemüse (nach Geschmack zB Gurke, Karotte, Rote Bete, Avocado)
- 1 Flasche(n) Sojasauce (klein)
- Wasabipaste (nach Geschmack)

Vorbereitung

1. Für das Gemüse-Maki den Reis gut waschen und mindestens eine Stunde in kaltem Wasser einweichen.
2. Den Reis in 300 ml Wasser zum Kochen bringen und 10 Minuten auf niedriger Stufe köcheln lassen. Anschließend in eine Schüssel umfüllen und abkühlen lassen.
3. Essig, Zucker und Salz aufkochen, dann sofort unter den Reis rühren.
4. Das Gemüse schälen und in lange Streifen schneiden. Wenn Sie Wurzelgemüse essen, kochen Sie das Gemüse vorher al dente.
5. Ein Nori-Blatt anfeuchten und auf eine Bambusrolle legen. Etwas Reis darüber verteilen. Das Gemüse in die Mitte legen und die Maki dann fest aufrollen.

6. Schneiden Sie das Gemüse Maki mit einem scharfen Messer in ca. 2,5-3 cm dicke Scheiben schneiden, mit Sojasauce, Wasabi (nach Geschmack) und Stäbchen anrichten und sofort servieren.

56. Onigiri mit Rotkohl und Räuchertofu

Zutaten

- 50 g Räuchertofu
- 50 g Rotkohl
- Salz
- 300 g Sushi-Reise
- 3 EL Reisessig
- 1 EL Zucker
- 8 Blätter Nori (oder mehr; in 3 x 6 cm große Rechtecke geschnitten)
- Sojasauce (zum Servieren)

Vorbereitung

1. Für Onigiri mit Rotkohl und Räuchertofu zuerst den Räuchertofu und den Rotkohl fein hacken und mit etwas Salz in einer Schüssel vermischen.
2. Reis in einem Sieb unter fließendem Wasser abspülen, bis das Wasser klar abläuft. 600 ml Wasser in einen Topf geben, Reis dazugeben, aufkochen. Schalten Sie es aus und lassen Sie den Reis zugedeckt etwa 15 Minuten stehen.
3. Essig mit Zucker, Tofu und Rotkraut zum noch heißen Reis geben, verrühren, auf einem Backblech verteilen und abkühlen lassen.
4. Reis in ca. 8 gleiche Portionen, jeweils zu Kugeln formen und am besten mit einer Onigiri-Form formen.
5. Ein Nori-Rechteck um den Boden der Onigiris legen, auf einem Teller anrichten und nach Belieben Onigiri mit Rotkohl und Räuchertofu mit Sojasauce servieren.

57. Yaki-Tori (gegrillte Hähnchenspieße)

Zutaten

- 400 g gelockerte Hähnchenkeulen
- 2 Stange(n) Lauch (dünn)
- 200 ml Hühnersuppe
- 120 ml jap. Sojasauce
- 2 EL Zucker

Vorbereitung

1. Für die Yaki Tori acht Holzspieße über Nacht in Wasser einweichen.
2. Schneiden Sie das Huhn in kleinere Würfel oder Stücke (ca. 2,5 cm groß). Lauch waschen und in 3 cm lange Stücke schneiden.

3. Die Hühnersuppe mit Sojasauce und Zucker bei starker Hitze kurz aufkochen. Nun die Hähnchenwürfel und den Lauch abwechselnd auf jeden Spieß stecken. Die Spieße in die Sauce tauchen, abtropfen lassen und auf eine vorgeheizte Grillplatte legen.
4. Auf beiden Seiten goldbraun grillen. Währenddessen die Yaki-Tori-Spieße immer wieder mit Sauce bestreichen.

58. Sushi & Maki-Variationen

Zutaten

Für das Reis-Grundrezept:

- 500 g Sushi-Reis
- 2 EL Reisessig
- 1 Teelöffel Zucker
- 1 EL Salz

Für klassisches Lachs-Nigiri:

- Wasabi
- Für das Thunfisch-Maki:
- Yaki Nori-Blatt
- Wasabi

- Thunfisch

Für die California Roll:

- Wasabi
- Gurke
- Avocado
- Garnele
- Sesamsamen (geröstet)

Für Handrolle mit Fischrogen:

- Yaki Nori-Blatt
- Wasabi
- Fischrogen
- Zitrone

Vorbereitung

1. Für die Sushi & Maki-Variationen zuerst den Reis zubereiten.
2. Für den Sushi-Reis den Reis abspülen und 1 Stunde abtropfen lassen, dann den Reis mit der gleichen Menge Wasser dazugeben und bei hoher Temperatur garen. Dann abdecken und die Temperatur wieder auf mittel stellen.
3. Wenn die Reisoberfläche im Topf sichtbar wird, schalten Sie auf die niedrigste Stufe

zurück. Wenn das Wasser verdunstet ist, noch einmal 1 Minute erhitzen, dann den Reis vom Küchenherd nehmen und bei geschlossenem Deckel 15 Minuten verdampfen lassen.

4. Reisessig, Zucker und Salz für die Marinade mischen und mit dem noch warmen Langkornreis in einer Backschüssel vermischen. Etwas abkühlen lassen, aber nicht in den Kühlschrank stellen, sonst wird der Reis hart.

5. Für das klassische Lachs-Nigiri aus dem Sushi-Reis mit der nassen Hand kleine Kugeln formen und andrücken. Mit Wasabi bestreichen. Eine große Lachsscheibe darauf legen. Achtung: Sushi niemals zu groß machen, damit Sie es in einem Bissen genießen können.

6. Für den Thunfisch Maki das Yaki Nori Blatt auf die Bambusmatte legen. Mit einer dünnen Schicht Langkornreis bedecken. Mit etwas Wasabi bepinseln. Darauf eine Reihe schmaler Thunfischstreifen legen. Mit der Bambusmatte aufrollen und die Rolle in Scheiben schneiden, um den kleinen Maki zu machen.

7. Für die California Roll die Bambusmatte mit Frischhaltefolie abdecken. Eine dünne Schicht Reis darüber geben. Mit Wasabi bestreichen. Je 1 Streifen Gurke, Avocado und Garnelen in die Mitte legen. Mit der Bambusmatte aufrollen und die fertige Rolle in geröstetem Sesam einrollen. In kleine Scheiben schneiden.
8. Für die Handrolle mit Fischrogen einen Löffel Reis auf ein Yaki Nori-Blatt legen. Rollen Sie das Blatt wie eine Tasche herum. Etwas Wasabi auf dem Reis verteilen und mit Fischrogen (Lachs, Forelle etc.) füllen. Mit einem kleinen Stück Zitrone garnieren.

59. Maki mit Thunfisch, Avocado und Shiitake

Zutaten

Für den Reis:

- 400 g Sushi-Reise
- 650 ml Leitungswasser
- 1 1/2 EL Reisessig
- Salz
- Zucker

Zum Abdecken:

- Thunfisch (in feine Stifte geschnitten)
- Wasabi-Paste
- 4 Scheiben Nori

- Shiitake (getrocknet, eingeweicht)
- 2 Stück Avocado (dünn geschnitten, mit Zitronensaft beträufelt)

Vorbereitung

1. Für Maki mit Thunfisch, Avocado und Shiitake zuerst den Sushireis zubereiten. Dazu den Reis gründlich kalt abspülen und im Sieb ca. 30 Minuten abtropfen lassen.
2. Den Reis in einem Topf mit Leitungswasser und etwas Salz bei hoher Temperatur kochen und auf dem Herd eine Minute sprudelnd garen. Den Topf schließen und den Reis 15 Minuten bei niedrigster Temperatur dämpfen.
3. Reisessig mit einem Holzspatel unterrühren. Halten Sie dazu den Spatel schräg und längs, damit der Reis nicht richtig gerührt, sondern wie ein Küchenmesser geschnitten wird. Auf diese Weise bleibt es körniger als beim normalen Rühren. Abkühlen lassen.
4. In der Zwischenzeit die Bambusmatte vorbereiten. Legen Sie ein Nori-Blatt darauf. Dann den Reis dünn darauf verteilen. Etwas Wasabi darüber verteilen. Eine Reihe

mit Thunfisch, Avocado und Shiitake belegen. Mit der Bambusmatte aufrollen.

5. Zum Servieren mit einem scharfen Küchenmesser in Scheiben schneiden, damit die Maki mit Thunfisch, Avocado und Shiitake ihre charakteristische Form und Größe bekommen.

60. Maki mit Lachs, Gurke und Avocado

Zutaten

- 400 g Sushireis (siehe Link im Text)
- 3 Nori-Blätter
- Zudecken:
- 200 g Lachs (frisch)
- 200 g Avocado (nicht zu weich)
- 200 g Gurke
- Wasabi

Vorbereitung

1. Für Maki mit Lachs, Gurke und Avocado zunächst den Sushireis nach dem

Grundrezept zubereiten. Lachs, Gurke und Avocado in dünne Streifen schneiden.

2. Je ein Nori-Blatt auf eine Bastmatte legen, den Reis dünn darauf legen, etwas Wasabi darüberstreuen und in eine Reihe aus Lachsstreifen, Gurke und Avocado legen. Mit der Matte aufrollen.

3. Mit einem scharfen Küchenmesser in Scheiben schneiden und die Maki mit Lachs, Gurke und Avocado auf einen Teller legen.

61. Maki mit Garnelen, Gurke und Shiitake

Zutaten

- Sushireis (siehe Link im Text)
- Gurke
- Garnelen (zB Ama Ebi)
- Shiitake (getrocknet)
- 3 Nori-Blätter
- Wasabi

Vorbereitung

1. Für das Maki mit Garnelen, Gurke und Shiitake zuerst den Sushireis nach Grundrezept zubereiten.
2. Den Shiitake in Wasser einweichen und dann in Streifen schneiden. Gurke entkernen und

in 1/2 cm dicke Streifen schneiden. Die Garnelen ebenfalls in Streifen schneiden.

3. Legen Sie zuerst ein Nori-Blatt auf eine Bambusmatte. Den Reis dünn darauf verteilen, dabei eine Kante frei lassen. Legen Sie eine Reihe mit Garnelen, Gurken und Shiitake. Mit Hilfe der Bambusmatte aufrollen und fest einklopfen.

4. Die Rollen schräg in 3 bis 4 gleich große Stücke schneiden und die Maki mit Garnelen, Gurke und Shiitake servieren.

62. Zucchini-Parmesan-Chips

Zutaten

- 2-3 Stück Zucchini (gewaschen, in 1 cm dicke Scheiben geschnitten)
- Meersalz
- Pfeffer aus der Mühle)
- Pflanzenöl (zum Frittieren)
- Für den Panier:
- 2 Stk. Eigentümer
- 120 g Panko
- 60 g Mehl (universal)
- 60 g Parmesan (fein gerieben)

Vorbereitung

1. Für Zucchini-Parmesan-Chips die Zucchinischeiben mit Meersalz und Pfeffer würzen.
2. Panko und geriebenen Parmesan mischen, Eier verquirlen.
3. Die Zucchinischeiben im Mehl wenden, durch das geschlagene Ei ziehen und in der Panko-Parmesan-Mischung panieren.
4. In heißem Fett bei 170–180 °C knusprig und goldgelb backen.
5. Die Zucchini-Parmesan-Chips werden am besten frisch serviert!

63. Japanische Spinnweben

Zutaten

- 5 - 6 Zweige Japankohl
- 2 Karotten (groß)
- 4 - 5 EL Schlagsahne
- 1 EL Butter
- 1 Teelöffel Kräutersalz
- Pfeffer (wenig)

Vorbereitung

1. Für die Japankohlstängel die Blätter schälen und in ein Sieb geben. Den Strunk waschen und in 5 mm große Stücke schneiden. Die

Blätter waschen und in feine Nudeln schneiden. Karotten würfeln.

2. Butter heiß werden lassen, Karottenwürfel und Japankohlwürfel anschwitzen und leicht anbraten, dann mit Schlagsahne und 125 ml Wasser aufgießen, würzen und ca. 5 Minuten köcheln lassen.

3. Die gehackten Blätter dazugeben und weitere 2 Minuten kochen lassen.

64. Maki Sushi mit Thunfisch und Gurke

Zutaten

- 1 Stück Gurke (100 g)
- 100 Gramm Thunfisch (sehr frisch)
- 3 Nori (getrocknete Algen)
- 1 Rezept Sushi-Reis (Grundrezept Sushi-Reis)
- 2 EL Wasabi (grüne Meerrettichpaste)

Vorbereitung

5. Gurke schälen und längs halbieren. Entferne die Kerne mit einem Löffel und schneide die Gurke der Länge nach in Streifen. Den

Thunfisch in etwa 5 mm dicke Streifen schneiden. Die Noriblätter halbieren.

Rollen-Sushi:

6. Dazu Frischhaltefolie auf eine Bambusmatte legen und ein Nori-Blatt zur Hälfte darauf legen. Befeuchten Sie die Hände mit Wasser. Etwa 1 cm hoch auf dem Nori-Blatt etwas Sushi-Reis verteilen, dabei oben 1 cm frei lassen. Drücken Sie den Reis nicht zu fest. Einen dünnen Wasabistreifen auf das untere Drittel des Blattes legen (Vorsicht, es ist sehr heiß!). Gurke oder Thunfisch darauf legen.
7. Mit der Bambusmatte die Füllung mit dem Nori-Blatt vorsichtig aufrollen und die Frischhaltefolie um die Rolle wickeln. Drücken Sie die Rolle mit der Matte fest. Die Rolle mit den Händen an einer Längsseite etwas flach drücken, dadurch bekommen die Rollen später ihre Tropfenform.)
8. Machen Sie 5 weitere Rollen wie beschrieben. Schneiden Sie die Rollen mit einem scharfen Messer, das mehrmals in kaltes Wasser getaucht wird, in 8 gleichmäßige Stücke.

65. Ura Makis Avocado

Zutaten

- 2 Avocado (reif)
- 250 g Reis (Sushi-Reis, Rundkornreis)
- 1 Esslöffel Reisessig
- 3 Noriblätter (Meeralgen)
- 1 Teelöffel Salz
- 1 Teelöffel Zucker

Vorbereitung

1. Für Ura Makis Avocado zuerst den rohen Reis unter fließendem Wasser waschen, bis

das Wasser klar abläuft. Reis bei schwacher Hitze 12 Minuten kochen. Lassen Sie den gekochten Reis auf einem flachen Teller 10 Minuten abkühlen.
2. Reisessig mit Salz und Zucker mischen und mit Reis beträufeln. Mit einem Holzlöffel gut vermischen.
3. Den Reis in 6 gleiche Teile teilen und einen Teil gleichmäßig auf einer Bambusmatte verteilen. Nun ein Noriblatt mit der glänzenden Seite nach unten legen und ein weiteres Stück Reis darüber verteilen, dabei 2 cm frei lassen.
4. Avocado schälen, entkernen und in breite Streifen schneiden. 2-3 Streifen (je nach Länge) in die Mitte des ersten Drittels des Reis legen. Rollen Sie nun mit gleichmäßigem Druck mit Hilfe der Bambusmatte von oben nach unten.
5. Ura Maki Avocado mit einem scharfen Messer in 1,5 cm breite Streifen schneiden.

66. süß-saure Suppe

Zutaten

- 150 g Hähnchenbrust (oder alternativ 1 Dose Thunfisch)
- 1-2 l Hühnersuppe
- 1/2 Teelöffel Salz
- 2 EL Sojasauce
- 1 EL Essig
- 1 DER Ketchup
- 1 Handvoll Morcheln
- 1 Handvoll Shiitake-Pilze
- 2 Karren
- 2 EL Erdnussöl
- 3 EL Stärke

Vorbereitung

1. Für die Suppe die Hühnerbrühe am Vortag zubereiten oder 2 Hühnersuppenwürfel in heißem Wasser auflösen.
2. Hähnchen fein würfeln und mit einer Marinade aus Sojasauce, Salz, Essig und Ketchup mischen. Lassen Sie es mindestens 30 Minuten ziehen.
3. Morcheln und Shitake-Pilze hacken und die Karotten reiben. Erdnussöl in einem Wok erhitzen und das Hähnchen darin scharf anbraten.
4. Mit der warmen Hühnersuppe ablöschen und aufkochen. Möhren, Morcheln und Shitake-Pilze dazugeben und köcheln lassen.
5. Stärke in 5 EL warmem Wasser auflösen und langsam in die Suppe einrühren. Bringen Sie es erneut zum Kochen. Die Eier in einer Schüssel verquirlen und gut verquirlen.
6. Nun die Eimasse mit einem Esslöffel zügig in die heiße Suppe geben - kreisende Bewegungen machen, damit sich das Ei gut verteilt.
7. Mit Salz, Pfeffer und Zucker abschmecken.

67. Wok-Gemüse mit Fleisch

Zutaten

- 400 g Schweinefleisch
- 580 g gebratenes Gemüse (Iglu)
- 6 EL Rapsöl
- Majoran
- Thymian
- Salz
- Pfeffer

Vorbereitung

1. Für das gebratene Gemüse mit Fleisch zuerst das Schweinefleisch würfeln und in

einer Mischung aus Rapsöl, Salz, Pfeffer, Majoran und Thymian einweichen. Mindestens 3 Stunden ziehen lassen, am besten über Nacht.
2. Das Schweinefleisch ohne zusätzliches Öl in einen Wok geben und heiß braten. Geben Sie das Wok-Gemüse hinzu und warten Sie, bis das Wasser verdunstet ist.
3. Dann alles wieder zusammen anbraten. Das gebratene Gemüse mit Fleisch schmeckt auch mit Salz und Pfeffer und wird serviert.

68. Thunfisch mit Chilisprossen

Zutaten

- 180 g Thunfischfilet (frisch)
- 1 Chilischote
- 1 Knoblauchzehe
- 50 g Sojasprossen
- 50 g Linsensprossen
- 2 Frühlingszwiebeln
- 1 EL Chilisauce
- 1 EL Austernsauce
- 1 EL Sojasauce
- 1 Prise Maisstärke
- Salz
- Pfeffer

- Sesamöl (zum Braten)

Vorbereitung

1. Das Thunfischfilet in 2 cm große Würfel schneiden. Chili längs halbieren, Kerngehäuse entfernen und Knoblauchzehe fein hacken. Die Frühlingszwiebeln fein hacken. Etwas Sesamöl in einer Wokpfanne erhitzen. Frühlingszwiebeln, Chili und Knoblauch dazugeben und anschwitzen. Sprossen dazugeben und alles mit Salz und Pfeffer würzen. Zum Schluss mit Chilisauce würzen. Nehmen Sie das Gemüse wieder heraus und halten Sie es warm. Wischen Sie nun die Wokpfanne mit Küchenpapier aus. Nochmals etwas Sesamöl erhitzen und die Thunfischwürfel von allen Seiten kurz anbraten (sie sollten innen noch saftig sein). In der Zwischenzeit Austernsauce, Sojasauce, Maisstärke und ca. 2 EL Wasser verrühren. Gießen Sie diese scharfe Sauce über den Thunfisch. Die scharfen Chilisprossen auf Tellern anrichten und die Thunfischwürfel darauf legen.

69. Tempura von Lachs und Gemüse

Zutaten

- 150 g Lachsfilet
- 150 g Gemüse (wenn du magst - Frühlingszwiebeln, Salzkartoffeln..)
- 50 g Tempuramehl (erhältlich im Asia Shop)
- 80 ml Mineralwasser (kalt)
- etwas Salz
- Öl zum braten)
- Sojasauce
- Wasabikren-Paste (und Ingwer als Garnitur)

Vorbereitung

1. Den Lachs in 5 x 2 cm große Streifen schneiden. Das Gemüse in mundgerechte Stücke oder Streifen schneiden. Einen glatten Tempura-Teig aus Mehl, Mineralwasser und einer Prise Salz mit einem Schneebesen verrühren. Öl in einer geeigneten Pfanne oder einem Wok erhitzen. Die Lachsstücke und das Gemüse durch den Teig ziehen und im Fett schwimmend bei sehr hoher Hitze (ca. 180 °C) ca. eine halbe Minute braten. (Niemals zu viel Frittiertes auf einmal hinzugeben, sondern in wenigen Portionen arbeiten, damit das Öl nicht auskühlt.) Fertige Tempura herausnehmen, auf Küchenpapier gut abtropfen lassen und mit Sojasauce, Wasabi und eingelegtem Ingwer servieren.

70. Japanischer Nudelsalat

Zutaten

- 2 Chinakohlblätter
- 5 Frühlingszwiebeln (davon grün)
- 1 Karotte (blanchiert)
- 250 kg Nudeln (nach Wahl)
- 3 Scheiben Schinken (gekocht)
- 1/2 Gurke (geschält)

Soße:

- 3 EL Tamari Sojasauce
- 2 EL Zucker
- 5 EL Hühnersuppe
- 1 Teelöffel Wasabi (Meerrettichpulver)

- 1 TL Sesamöl
- 3 EL Reisweinessig

Omelette:

- 2 Eier
- 1 EL Wasser
- 1 Teelöffel Maisstärke

Vorbereitung

2. Für den japanischen Nudelsalat den Zucker im Essig auflösen. Mit den anderen Zutaten der Sauce vermischen.
3. 2 geschlagene Eier, einen Löffel Wasser und 1 Teelöffel Maismais zu einer Omelettmasse verrühren und in einer Pfanne mit etwas Öl anbraten. Dann in Streifen schneiden.
4. Alle anderen Zutaten in kleine Stücke schneiden. Karotten- und Chinakohlblätter beiseite legen, den Rest in einer Salatschüssel umrühren.
5. Kochen Sie die Nudeln bis sie weich sind und fügen Sie in letzter Minute den Kohl und die Karotten hinzu.
6. Abseihen und kurz mit kaltem Wasser abspülen. In die Salatschüssel geben und mit

der Sauce marinieren. Den japanischen Nudelsalat durchziehen lassen und servieren.

SUPPENREZEPTE

71. Miso-Suppe mit Shiitake-Pilzen

Zutaten

- 3 Shiitake-Pilze (getrocknet)
- 8 g Wakame (getrocknet)
- 1200 ml Wasser (für die Suppe)
- 3 EL Misopaste
- 115 g Tofu (grob gewürfelt)
- 1 Frühlingszwiebel (nur die grüne)

Vorbereitung

1. Für die Miso-Suppe mit Shiitake-Pilzen zunächst die getrockneten Champignons und Wakame-Algen separat für 20 Minuten in warmes Wasser legen und dann abtropfen lassen. In dünne Scheiben schneiden.
2. Wasser zum Kochen bringen, Misopaste einrühren, Champignons dazugeben und 5 Minuten auf kleiner Flamme köcheln lassen.
3. Tofu und Algen gleichmäßig auf 4 vorgewärmten Suppentassen verteilen, mit der Misosuppe mit Shiitake-Pilzen auffüllen und mit Frühlingszwiebeln auf dem Tisch bestreuen.

72. Vegane Miso-Suppe

Zutaten

- 1 Liter Gemüsesuppe
- 4 TL Misopaste (hell)
- 6 Shiitake-Pilze
- 1/2 EL Sesamöl
- 1 EL Sojasauce
- 1/2 Teelöffel Ingwerpulver
- 150 g Tofu
- 1 EL Wakame

Vorbereitung

1. Für die vegane Miso-Suppe die Wakama-Algen 15 Minuten einweichen und gut abtropfen lassen. Die Shitake-Pilze in kleine Stücke schneiden und mit der Gemüsesuppe, dem Sesamöl, der Sojasauce und dem Ingwer

in einem Topf mischen. Lassen Sie die Suppe 5 Minuten kochen.
2. Wakameae und Tofu in kleine Stücke schneiden und in den Topf geben. Die Suppe vom Herd nehmen und die Misopaste einrühren. Das vegane Miso-Suppengericht und servieren.

73. Ramen-Suppe mit Meerrettich

Zutaten

- ½ Stangen Allium (Lauch)
- 1 Zwiebel
- 2 Knoblauchzehen
- 80 Gramm Ingwer (frisch)
- 2 Esslöffel Öl
- 1 Schweinshaxe
- 1 Kilogramm Hähnchenflügel
- Salz
- 2 Stück (Kombu-Algen; getrocknete Algen; Asien-Shop)
- 30 Gramm getrockneter Shiitake
- 1 Bund Frühlingszwiebeln

- 2 EL Sesam (hell)
- 1 Blatt Nori
- 6 Eier
- 300 Gramm Ramen-Nudeln
- 50 Gramm Miso (leicht)
- 2 EL Mirin (japanischer Weißwein)
- 65 Gramm Meerrettich
- Sesamöl (geröstet)

Vorbereitung

1. Lauch putzen, waschen und in große Stücke schneiden. Zwiebel und Knoblauch schälen, Zwiebel vierteln. 60 g Ingwer waschen und in Scheiben schneiden. Öl in einer Pfanne erhitzen. Lauch, Zwiebel, Knoblauch und Ingwer darin bei starker Hitze hellbraun rösten.
2. Das gebratene Gemüse mit der abgespülten Schweinshaxe und den Hähnchenflügeln in einen großen Topf geben und mit 3,5 Liter Wasser auffüllen. Alles langsam zum Kochen bringen und bei schwacher Hitze ohne Deckel ca. 3 Stunden köcheln lassen. Aufsteigenden Schaum abschöpfen. Nach 2 Stunden die Brühe mit Salz abschmecken.

3. Brühe durch ein feines Sieb in einen anderen Topf gießen (ergibt ca. 2,5-3 l). Eventuell die Brühe etwas entfetten. Wischen Sie die Kombu-Algen mit einem feuchten Tuch ab. Shiitake-Pilze und Kombu-Algen in die heiße Brühe geben und 30 Minuten ziehen lassen.
4. Die Schweinshaxe von Schwarte, Fett und Knochen lösen und in mundgerechte Stücke schneiden. Verwenden Sie die Chicken Wings nicht für die Suppe (siehe Tipp).
5. Restlichen Ingwer schälen und in dünne Streifen schneiden. Frühlingszwiebeln putzen und waschen, in feine Ringe schneiden und in kaltes Wasser legen. Die Sesamkörner in einer trockenen Pfanne rösten, bis sie hellbraun sind. Nori-Algen vierteln, in einer trockenen Pfanne kurz anrösten und in sehr feine Streifen schneiden. Eier pflücken, in kochendem Wasser 6 Minuten kochen, mit kaltem Wasser abspülen, vorsichtig schälen. Die Nudeln in kochendem Wasser 3 Minuten kochen, in ein Sieb gießen, kurz kalt abspülen, dann abtropfen lassen.
6. Pilze und Kombialgen aus der Brühe nehmen. Pilzstiele entfernen, Pilzkappen fein hacken, keine Kombialgen mehr verwenden. Brühe

erhitzen (nicht kochen). Misopaste und Mirin einrühren, gehackte Shiitake-Pilze hinzufügen. Die Frühlingszwiebeln in einem Sieb abtropfen lassen. Den Meerrettich schälen.

7. Die Brühe in Schüsseln aufteilen. Schweinshaxe, Nudeln, halbierte Eier, Sesam, Ingwer, Frühlingszwiebeln und Nori-Algen hineingeben. Mit viel frisch geriebenem Meerrettich und Sesamöl servieren.

74. Tofu-Miso-Suppe mit Soba-Nudeln

Zutaten

- Soba (Soba-Nudeln: Spaghetti aus Buchweizen und Weizen)
- 2 Teelöffel Sesamöl (geröstet)
- 1 EL Sesamsamen
- 4 Frühlingszwiebeln
- 2 Minigurken
- 100 Gramm Spinatblätter
- 200 Gramm Tofu
- $1\frac{1}{4}$ Liter Gemüsebrühe
- 1 Stück Ingwer (ca. 20 g)
- 2 TL (Instant Wakame Algen)

- 2½ EL Shiro Miso (Paste vom Bio- oder asiatischen Markt)
- Korianderblätter (zum Garnieren)

Vorbereitung

1. Die Soba-Nudeln nach Packungsanweisung kochen. In ein Sieb gießen, gut abtropfen lassen und mit dem Sesamöl vermischen. Die Sesamkörner in einer beschichteten Pfanne goldbraun rösten. Vom Herd nehmen und abkühlen lassen.
2. Frühlingszwiebeln putzen und waschen, weiße und hellgrüne Teile in feine Ringe schneiden. Gurken waschen und in etwa 3 cm lange Stifte schneiden. Spinat sortieren, waschen und trocken schütteln, grobe Stiele entfernen. Tofu trocken tupfen und in 2 cm große Würfel schneiden.
3. Bringen Sie die Brühe in einem Topf zum Kochen. Ingwer schälen und in Scheiben schneiden, mit den Algen in die Brühe geben und ca. 2 Minuten köcheln lassen. Misopaste mit 5 EL Wasser glatt rühren, in die Brühe geben und weitere 5 Minuten kochen lassen. Dann Tofu, Frühlingszwiebeln und Gurke in die Suppe geben und aufkochen.

4. Zum Servieren den Koriander waschen und trocken schütteln. Verteilen Sie die Soba-Nudeln und den Spinat in Schüsseln oder Tassen und gießen Sie die kochende Brühe darüber. Den gerösteten Sesam und die Korianderblätter darüberstreuen. Sofort servieren.

75. Japanische Suppe

- **Zutaten**
- Eventuell 2 Esslöffel getrocknete Algen (Wakame)
- 50 g Shiitake-Pilze oder evtl. Champignons
- 1 Karotte (groß)
- 1 Zwiebel (klein)
- 100 g Lauch
- 2,5 TL Dashi-no-moto (japanisches Fischsuppenpulver, A Laden; oder Instant-Rinderbrühe)
- 3 EL helle Sojasauce (Usukuchi)
- 1 Teelöffel Salz
- 2 Eier

Vorbereitung

1. Algen mindestens 2 Stunden in kaltem Wasser einweichen, vorsichtig ausdrücken und abschneiden.

2. Pilze abreißen und in dünne Scheiben schneiden, Karotten schälen, in Stifte schneiden.

3. Zwiebel schälen und in halbe Ringe schneiden, Lauch putzen, halbieren und zuerst in 3 cm lange Stücke, dann in Streifen schneiden.

4. Mischen Sie das Fischsuppenpulver in 1,1 Liter kochendem Wasser, fügen Sie die Sojasauce und das Salz hinzu. Das Gemüse in der Suppe etwa 2 Minuten anbraten.

5. Eier verrühren und langsam in einem dünnen Strahl (ab ca. 40 cm Höhe) in die Suppe gießen. 1 Minute stehen lassen und die Suppe auf den Tisch stellen.

76. Japanische Pilznudelsuppe

Zutaten

- 1200 ml Dashi-Suppe
- 1 EL Mirin; oder der willen
- 1 EL Rohzucker
- 1 Stück Ingwer (frisch, gerieben)
- Sojasauce; nach Bedarf

Inlay:

- 350 g Sehr feine chinesische Eiernudeln, zB Ramen
- 3 feine Frühlingszwiebeln
- 1 Freilandgurke (klein)

- 100 g Enoki-Pilze
- 100 g sehr kleine Austernpilze
- 50 g Spinat (Blätter)
- 150 Gramm Tofu; in Streifen oder Würfel schneiden

Vorbereitung

1. Probieren Sie dieses köstliche Nudelgericht:
2. Die Suppe aufkochen lassen, mit Zucker, Reiswein, Ingwer und Sojasauce würzen. Die Nudeln in kochendem Salzwasser kurz al dente kochen, abtropfen lassen und gleichmäßig in Suppenschüsseln verteilen.
3. Frühlingszwiebeln hacken, Gurke schälen, halbieren, entkernen und in schmale Streifen schneiden. Mit den Champignons gleichmäßig in den Backformen verteilen.
4. Gießen Sie heiße Suppe darüber. Dienen.

77. Japanischer Nudelsalat

Zutaten

- 2 Chinakohlblätter
- 5 Frühlingszwiebeln (davon grün)
- 1 Karotte (blanchiert)
- 250 kg Nudeln (nach Wahl)
- 3 Scheiben Schinken (gekocht)
- 1/2 Gurke (geschält)

Soße:

- 3 EL Tamari Sojasauce
- 2 EL Zucker
- 5 EL Hühnersuppe
- 1 Teelöffel Wasabi (Meerrettichpulver)
- 1 TL Sesamöl

- 3 EL Reisweinessig

Omelette:

- 2 Eier
- 1 EL Wasser
- 1 Teelöffel Maisstärke

Vorbereitung

1. Für den japanischen Nudelsalat den Zucker im Essig auflösen. Mit den anderen Zutaten der Sauce vermischen.
2. 2 geschlagene Eier, einen Löffel Wasser und 1 Teelöffel Maismais zu einer Omelettmasse verrühren und in einer Pfanne mit etwas Öl anbraten. Dann in Streifen schneiden.
3. Alle anderen Zutaten in kleine Stücke schneiden. Karotten- und Chinakohlblätter beiseite legen, den Rest in einer Salatschüssel umrühren.
4. Kochen Sie die Nudeln bis sie weich sind und fügen Sie in letzter Minute den Kohl und die Karotten hinzu.
5. Abseihen und kurz mit kaltem Wasser abspülen. In die Salatschüssel geben und mit der Sauce marinieren. Den japanischen Nudelsalat durchziehen lassen und servieren.

78. süß-saure Suppe

Zutaten

- 150 g Hähnchenbrust (oder alternativ 1 Dose Thunfisch)
- 1-2 l Hühnersuppe
- 1/2 Teelöffel Salz
- 2 EL Sojasauce
- 1 EL Essig
- 1 DER Ketchup
- 1 Handvoll Morcheln
- 1 Handvoll Shiitake-Pilze
- 2 Karren
- 2 EL Erdnussöl
- 3 EL Stärke

Vorbereitung

1. Für die Suppe die Hühnerbrühe am Vortag zubereiten oder 2 Hühnersuppenwürfel in heißem Wasser auflösen.
2. Hähnchen fein würfeln und mit einer Marinade aus Sojasauce, Salz, Essig und Ketchup mischen. Lassen Sie es mindestens 30 Minuten ziehen.
3. Morcheln und Shitake-Pilze hacken und die Karotten reiben. Erdnussöl in einem Wok erhitzen und das Hähnchen darin scharf anbraten.
4. Mit der warmen Hühnersuppe ablöschen und aufkochen. Möhren, Morcheln und Shitake-Pilze dazugeben und köcheln lassen.
5. Stärke in 5 EL warmem Wasser auflösen und langsam in die Suppe einrühren. Bringen Sie es erneut zum Kochen. Die Eier in einer Schüssel verquirlen und gut verquirlen.
6. Nun die Eimasse mit einem Esslöffel zügig in die heiße Suppe geben - kreisende Bewegungen machen, damit sich das Ei gut verteilt.
7. Mit Salz, Pfeffer und Zucker abschmecken.

79. Japanische Gemüsesuppe

Zutaten

- 8 Champignons (groß)
- 125 g Sojasprossen
- 250 g Bambussprossen
- 100 g Spinat
- 3 Eier
- 800 ml Hühnerbrühe

Vorbereitung

1. Ein Bohnenrezept für jeden Geschmack:

2. Die Champignons putzen, abspülen und abtropfen lassen. In kleine Scheiben schneiden.
3. Sojasprossen und Bambussprossen in ein Sieb gießen und gut abtropfen lassen.
4. Schneiden Sie die Bambussprossen in schmale Streifen.
5. Den Spinat auswählen, abspülen und ebenfalls in Streifen schneiden.
6. Das Gemüse gleichmäßig auf 4 ofenfeste Suppentassen verteilen.
7. Die Suppe mit den Eiern verrühren und über das Gemüse gießen.
8. Die Tassen mit Alufolie verschließen, in die Fettpfanne des Backofens stellen und mit kochendem Wasser übergießen.
9. In den vorgeheizten Herd (E: 175 °C) stellen und etwa eine halbe Stunde garen.
10. Herausnehmen und vor Ort an den Tisch bringen.
11. Wer Bambussprossen nicht mag, kann auch Chinakohlstreifen verwenden.

80. Japanische Suppe mit Algen

Zutaten

- 1000 ml Gemüsesuppe
- 80 ml Sojasauce
- 1 Kombi; 10x10 cm Flecken (getrocknete Braunalgen)
- 20 g Bonitoflocken
- 10 Shiitake-Pilze (frisch)
- 20 g Mu-Err-Pilze
- 150 g Tempeh
- 30 g Wakame

Vorbereitung

1. Für die Basisbrühe die Kombination mit einer nassen Schüssel kurz abkratzen und in der kalten Gemüsesuppe mit den Bonitoflocken zum Kochen bringen. Die klare Suppe vom Herd nehmen und durch ein feines Sieb gießen. Verwenden Sie Kombu und Bonito nicht weiter.
2. Dieses Grundmaterial ist auch als Fertigprodukt erhältlich. Es heißt dann Dashi-no-Moto und wird nur in Wasser angerührt.
3. Die Mu-Err-Pilze in kaltem Wasser einweichen und die Shii-Take-Pilze und Tempeh würfeln. Die Shii Take Pilze, Mu Err Pilze, Tempeh und Wakame in der klaren Suppe erhitzen und heiß auf den Tisch bringen.

FLEISCHREZEPTE

81. Rindfleisch-Zwiebel-Röllchen

Zutaten

- 4 Scheibe(n) Lendensteak (hauchdünn oder Roastbeef oder Rinderfilet)
- 4 Frühlingszwiebeln
- 1 Teelöffel Zucker
- 2 TL Sojasauce
- Ingwer (frisch gehackt)

- 1 TL Sherry
- Öl zum braten)

Vorbereitung

1. Für die Rindfleisch-Zwiebel-Röllchen zuerst die Frühlingszwiebeln der Länge nach in Streifen schneiden. Das Fleisch darauf legen, mit Frühlingszwiebelstreifen belegen und fest aufrollen.
2. Für die Marinade Sojasauce, Zucker, etwas Ingwer und Sherry mischen.
3. Die Fleischröllchen einlegen und etwa 30 Minuten marinieren.
4. Dann herausheben und die Rinder-Zwiebel-Röllchen auf dem Grill oder in einer Pfanne (mit etwas heißem Öl) ca. 3 Minuten von beiden Seiten goldbraun braten.

82. Glasiertes Hühnchen mit Sesam

Zutat

- 1 kg Hähnchenkeulen
- 50 g Ingwer
- 1 Knoblauchzehe
- 100 ml Mirin (süßer Reiswein; alternativ Sherry)
- 100 ml Sojasauce (japanisch)
- 2 EL Zucker
- Salz
- 2 EL Sesamöl

Vorbereitung

1. Für das Hähnchen mit Sesam die Hähnchenschenkel abwaschen und wenn Sie ganze Hähnchenschenkel gekauft haben, die Keulen und Unterschenkel halbieren.
2. Die Schale vom Ingwer entfernen und reiben. Den Knoblauch schälen und zerdrücken. 1 1/2 Teelöffel Ingwer und Knoblauch mit Zucker, Sojasauce, Mirin, einer Prise Salz und einigen Tropfen Sesamöl verrühren. Das Fleisch so in die Marinade legen, dass es von allen Seiten gut bedeckt ist. Abgedeckt mindestens 3 Stunden, am besten eine Nacht, im Kühlschrank ruhen lassen.
3. Das Fleisch aus der Marinade nehmen und gut abtropfen lassen. In heißem Öl von beiden Seiten braun braten. Das Öl abgießen und die Marinade über das Fleisch gießen. In der geschlossenen Pfanne bei niedriger Temperatur 20 Minuten köcheln lassen.
4. Das Fleisch in der offenen Bratpfanne weitere 5 Minuten braten, bis die Sauce sirupartig ist. Das Hühnchen mit

Sesamsamen servieren Sie dann am besten mit einer Schüssel Reis.

83. Japanischer Schweinebraten

Zutaten

- 600 g Schweinefleisch (Schulter oder Trommelstock)
- Salz
- Kümmel
- 50 g Fett
- 10 Gramm Mehl
- 1 Zwiebel (in Scheiben geschnitten)
- 50 g Sellerie (in Scheiben geschnitten)
- 1 EL Senf
- Wasser

Vorbereitung

1. Für den japanischen Schweinebraten Zwiebel und Sellerie in heißem Fett anbraten. Das

Fleisch mit Kümmel und Salz einreiben, auf das Gemüse legen und beides anbraten.
2. Nach 1/2 Stunde Wasser übergießen. Etwas später den Senf dazugeben. Zum Schluss den Saft bestäuben, aufkochen und abseihen. Servieren Sie den japanischen Schweinebraten.

84. Rinderrouladen mit Babykarotten

Zutaten

- 500 g Rindfleisch (sehr dünn geschnitten)
- 24 Babykarotten (oder 1 1/2 Karotten)
- Salz
- Maisstärke
- 1 EL Mirin
- 1 EL Sojasauce Zubereitung
- Pfeffer

Vorbereitung

1. Für die Beef Rolls Mirin und Sojasauce in einer Schüssel mischen. Karotten vierteln

und mit Wasser in einen Mikrowellenbehälter geben.
2. 3-4 Minuten in der Mikrowelle kochen. Das Rindfleisch salzen und pfeffern und 2 geviertelte Karotten in je 1 Scheibe rollen. Die fertigen Brötchen in Maisstärke wenden.
3. Öl in einer Pfanne erhitzen und die Brötchen darin anbraten. Die Sauce darüber gießen und eindicken lassen. Die Rinderrollen mit Reis oder Salat servieren.

85. Asiatische Nudeln mit Rindfleisch

Zutaten

- 200 g Udon-Nudeln
- 300 g Rindfleisch
- 1 Lauch(e)
- 1 EL Sojasauce
- 1 Limette
- 1 Teelöffel Chili (gemahlen)
- 3 EL Sesamöl (zum Braten)
- 50 g Sojasprossen

Vorbereitung

1. Für die asiatischen Nudeln mit Rindfleisch die Nudeln nach Packungsanleitung kochen.
2. Lauch fein hacken und Rindfleisch würfeln. Öl erhitzen und Lauch und Rindfleisch darin anbraten.
3. Sojasprossen, Limettensaft, Chiliflocken und Sojasauce dazugeben und weitere 2 Minuten braten.
4. Die asiatischen Nudeln mit Rindfleisch anrichten und servieren.

86. Wok-Gemüse mit Fleisch

Zutaten

- 400 g Schweinefleisch
- 580 g gebratenes Gemüse (Iglu)
- 6 EL Rapsöl
- Majoran
- Thymian
- Salz
- Pfeffer

Vorbereitung

1. Für das gebratene Gemüse mit Fleisch zuerst das Schweinefleisch würfeln und in einer Mischung aus Rapsöl, Salz, Pfeffer,

Majoran und Thymian einweichen. Mindestens 3 Stunden ziehen lassen, am besten über Nacht.
2. Das Schweinefleisch ohne zusätzliches Öl in einen Wok geben und heiß braten. Geben Sie das Wok-Gemüse hinzu und warten Sie, bis das Wasser verdunstet ist.
3. Dann alles wieder zusammen anbraten. Das gebratene Gemüse mit Fleisch schmeckt auch mit Salz und Pfeffer und wird serviert.

87. Japanischer BBQ-Schweinebauch

Zutaten

- 400 g Schweinebauch (dünn geschnitten)
- 1/4 Zwiebel
- 1 Stück Ingwer (klein)
- 1 Frühlingszwiebel
- 2 Knoblauchzehen (gepresst)
- 2 Chilis (getrocknet)
- 2 EL Sake
- 2 EL Sojasauce
- 1 1/2 EL Honig
- 1/2 Ketchup
- 1 EL Sesamsamen (geröstet)
- Pfeffer

Vorbereitung

1. Für den japanischen BBQ-Schweinebauch Zwiebel und Ingwer in eine Schüssel reiben.
2. Die Frühlingszwiebel hacken und alle Zutaten zu einer Marinade verrühren. Den Schweinebauch 1 Stunde in der Marinade einweichen. Den Schweinebauch von beiden Seiten knusprig grillen.
3. Servieren Sie den japanischen BBQ-Schweinebauch.

88. Japanische Spareribs

Zutaten

- 1 kg Spareribs
- 1 Tasse(n) Sojasauce
- 1 Tasse (n) Mirin
- 1/2 Tasse (n) Zucker
- 1/4 Tasse(n) Koreanische Paprikapaste (Sun Kochuchang)
- 6 Zehe(n) Knoblauch (gepresst)
- 2 EL Sesamöl
- 1 EL Sesamsamen
- 1 Frühlingszwiebel

Vorbereitung

1. Für die japanischen Spareribs alle Zutaten in einer Schüssel vermischen. Die Spareribs über Nacht in der Marinade ziehen lassen.
2. Saftig auf dem Grill grillen.

89. Soba-Nudeln mit Hühnchen

Zutaten

- 250 g Soba-Nudeln (japanische Nudeln)
- 1 Teelöffel Ingwersaft (frisch)
- 200 g Hähnchenbrust
- 140 g Frühlingszwiebeln
- 2 EL Erdnussöl
- 400 ml Ichiban Dashi (Grundsuppe)
- 140 ml Sojasauce (Hölle)
- 1 EL Mirin
- 2 EL Nori-Algen
- 2 EL Katsuo-Bushi (getrocknete Bonitoflocken)
- 1 EL Sesam (geröstet)

Vorbereitung

1. Für Soba-Nudeln mit Hühnchen die Nudeln zuerst in Salzwasser al dente kochen, dann abgießen und mit heißem Wasser abspülen. Abfluss. Verwenden Sie sie so schnell wie möglich, da sie sonst anschwellen und an Kraft verlieren.
2. Das Hähnchen in fingerdicke Streifen schneiden und mit Ingwersaft beträufeln. Die fein gehackten Zwiebeln in das heiße Öl geben. Das Dashi mit Mirin und Sojasauce aufschlagen. Die abgetropften Nudeln einrühren.
3. Die Nudeln gleichmäßig in Schüsseln verteilen, mit der Fleisch-Zwiebel-Mischung bedecken, mit fein gehackten Seetang, Bonito-Spänen und Sesam bestreuen. Bringen Sie Soba-Nudeln mit Hühnchen auf den Tisch.

90. Nudeln mit Rindfleisch und Gemüse

Zutaten

- 10 g Mu-Err-Pilze
- Salz
- 250 Gramm Rindfleisch; oder Schweinefleisch, Ge
- 300 g gemischtes Gemüse (zB Lauch, Karotten)
- 100 g Sojabohnensetzlinge
- 2 EL Erdnussöl
- 1 EL Ingwer (sehr fein gehackt)
- 2 Knoblauchzehen
- 400 g chinesische Nudeln
- Salz
- 250 ml Hühnersuppe

- 1 Teelöffel Maisstärke
- 2 EL Sake (oder trockener Sherry)
- 2 EL Sojasauce
- 1 Prise Sambal Ölek

Vorbereitung

1. Pastagerichte sind immer lecker!
2. Die Pilze in Wasser einweichen. Machen Sie Nudeln in leicht gesalzenem Wasser. Das Fleisch in feine, kleine Scheiben schneiden. Gemüse putzen und möglichst in Streifen schneiden. Die Sojasprossen in einem Sieb mit kochendem Wasser blanchieren (verbrühen).
3. 1 EL Öl in einer großen Pfanne oder einem Wok erhitzen. Das Fleisch einfüllen und schnell anbraten, dabei ständig wenden. Herausnehmen und beiseite stellen.
4. Gießen Sie das restliche Öl in die Pfanne. Das Gemüse, die abgetropften Sojasetzlinge, die Champignons, die Ingwerwurzel und den ausgepressten Knoblauch mit 2 Prisen Salz unter Rühren kurz anbraten. Aus dem Bräter nehmen und zum Fleisch geben.

5. Alle Zutaten für die Sauce mischen, in die Pfanne oder eventuell in die Wokpfanne geben und unter Rühren verrühren. Nach Bedarf würzen. Das Gemüse und das angebratene Fleisch mit der scharfen Sauce mischen. Tu es nicht mehr.
6. Fleisch und Gemüse mit der Sauce auf die abgetropften Nudeln legen.

GEFLÜGEL

91. Yaki Udon mit Hähnchenbrust

Zutaten

- 200 g Yaki Udon (dicke Weizennudeln)
- 300 g gemischtes Pfannengemüse
- 200 g Hähnchenbrustfilet

- 1 TL Sesamöl
- 4 EL Sonnenblumenöl
- 1/2 Teelöffel Knoblauchchili (Knoblauch mit gehackter Chili vermischt)
- 1 Stück (2 cm) frischer Ingwer
- 2 EL Sojasauce
- 1 EL Zucker
- 1 Teelöffel Sesam zum Garnieren

Vorbereitung

1. Für das Yaki Udon reichlich Wasser zum Kochen bringen und die Nudeln darin ca. 5 Minuten garen. Abseihen, kalt abspülen und abtropfen lassen.
2. Hähnchenfilet und das gereinigte Gemüse in fingerbreite Streifen schneiden, Ingwer hacken.
3. Einen Wok oder eine schwere Pfanne erhitzen, Sesam- und Sonnenblumenöl einfüllen und erhitzen. Gemüse- und Fleischstreifen darin anbraten. Knoblauchchili, Zucker, Sojasauce und Ingwer dazugeben und 3 Minuten braten. Nudeln dazugeben und ebenfalls kurz anbraten.

4. Yaki Udon in Schalen anrichten und vor dem Servieren mit Sesam bestreuen.

92. Chili-Hühnchen-Reis-Pfanne

Zutaten

- 8 Hähnchenhaxen (klein)
- 1 Packung Knorr Basis Knusprige Hähnchenschenkel
- 1 Würfel Knorr klare Suppe
- 200 g Basmati-Reise

- 4 Tomaten (klein)
- 2 EL Paprikapulver
- 2 EL Tomatenmark
- 1 Stk. Paprika (rot)
- Chili (zum Würzen)
- Petersilie (frisch)

Vorbereitung

1. Für die Chili Chicken Reispfanne die Hähnchenhaxen auf KNORR-Basis nach Packungsanweisung zubereiten.
2. In der Zwischenzeit den Reis in einem Topf ohne Fett rösten. Mit der dreifachen Menge Wasser ablöschen und mit Paprikapulver, Tomatenmark und Suppenwürfel aufkochen. Die Chili-Hühnchen-Reispfanne köcheln lassen, bis der Reis weich ist.
3. In der Zwischenzeit Paprika und Tomaten in große Stücke schneiden und zum Hähnchen geben. Den gekochten Reis mit den Haxen mischen und mit Petersilie servieren.

93. Hühnchen in würziger Buttermilchpanade

Zutaten

- 500 g Hähnchen (Trommelsticks oder Chicken Wings)
- 150 ml Buttermilch
- 4 Knoblauchzehen (gepresst)
- 1 Chili (fein gehackt)
- 1 EL Zitronensaft
- Salz
- Pfeffer
- 3 EL Mehl (gehäuft)

Vorbereitung

1. Für das Hähnchen in einer würzigen Buttermilchpanade die Zutaten für die Marinade gut vermischen und die Hähnchenstücke ca. 1 Stunde darin einweichen. Mehl und Hühnchen in einem verschließbaren Beutel gut schütteln.
2. In reichlich heißem Sonnenblumenöl bei 170 °C ca. 8 Minuten backen. Wenn sie goldgelb sind, aus dem Fett nehmen und auf Küchenpapier kurz abtropfen lassen.
3. Das fertige Hähnchen vor dem Servieren in einer würzigen Buttermilchpanade mit frischem Zitronensaft beträufeln.

94. Hähnchenschenkel mit Tomaten

Zutaten

- 4 Hähnchenschenkel
- 50 g geräucherter Speck (zum Kauen)
- Salz
- Pfeffer
- 100 g Thea
- 1 Zwiebel (gehackt)
- 100 g Zeller (gerieben)
- 3 Stück Tomaten
- 1 EL Mehl (glatt)
- 1/2 Bund Petersilie (gehackt)

Vorbereitung

1. Für die Hähnchenschenkel mit Tomaten die Hähnchenschenkel mit dem Speck spicken, mit Salz und Pfeffer würzen und im heißen THEA anbraten.
2. Zwiebel und Keller zugeben und kurz anbraten. Tomaten in wenig Salzwasser dämpfen, abseihen und zu den Hähnchenschenkeln geben. 35 Minuten bei niedriger Temperatur schmoren, bis das Fleisch zart ist.
3. Den Saft mit Mehl bestäuben, erneut aufkochen und die Hähnchenschenkel mit Petersilie bestreuten Tomaten servieren.

95. Hähnchenfilet in einer aromatischen Sauce

Zutaten

- 200 g Tofu (fest: kleine Würfel)
- Öl zum braten)
- 15 g Shitake-Pilze (getrocknet)
- 200 ml Gemüsebrühe
- 6 EL Tomaten (abgesiebt)
- 4 EL mittlerer Sherry
- 3 EL Sojasauce
- 1 Teelöffel Ingwer (frisch, gehackt)
- 1 Teelöffel Honig
- Chilipulver
- 2 Esslöffel Öl
- 1 Knoblauchzehe(n) (fein gehackt)

- 200 g Hähnchenbrust (dünne Streifen)
- Salz
- 1 Teelöffel Maisstärke
- 3 TBSP. Wasser (kalt)
- 1 Karotte (feine Stifte)
- 80 g Sojasprossen
- 2 Frühlingszwiebeln (feine Ringe)

Vorbereitung

1. Tofu trocken tupfen und in Öl goldbraun braten. Um überschüssiges Fett zu entfernen, die Tofuwürfel kurz in heißes Wasser legen, abtropfen lassen und abtupfen. Die getrockneten Pilze abspülen, mit kochendem Wasser übergießen und 1 Stunde quellen lassen. Die Champignons abgießen, abtropfen lassen und in dünne Scheiben schneiden. Für die aromatische Sauce Gemüsebrühe, Tomatensauce, Medium Sherry, Sojasauce, Ingwer, Honig und eine Prise Chili verrühren. 1 EL Öl in einem Wok oder einer beschichteten Pfanne erhitzen. Knoblauch und Hühnchen darin kurz anbraten, umrühren und leicht salzen. Die Champignons untermischen. Die aromatische Sauce und die Tofuwürfel untermischen.

Alles zugedeckt 10 Minuten köcheln lassen. Die Speisestärke mit 3 EL kaltem Wasser glatt rühren, unterrühren und kurz köcheln lassen, bis die Sauce eindickt. Gegen Ende der Garzeit 1 EL Öl in einer beschichteten Pfanne oder im Wok erhitzen. Die Karotten darin unter Rühren kurz anbraten, leicht salzen. Sprossen und Frühlingszwiebeln untermischen und unter Rühren kurz anbraten. Möhren, Sprossen und Frühlingszwiebeln mit Tofu und Hühnchen in einer aromatischen Sauce mischen.

96. Soba-Nudeln mit Hühnchen

Zutaten

- 250 g Soba-Nudeln (japanische Nudeln)
- 1 Teelöffel Ingwersaft (frisch)
- 200 g Hähnchenbrust
- 140 g Frühlingszwiebeln
- 2 EL Erdnussöl
- 400 ml Ichiban Dashi (Grundsuppe)
- 140 ml Sojasauce (Hölle)
- 1 EL Mirin
- 2 EL Nori-Algen
- 2 EL Katsuo-Bushi (getrocknete Bonitoflocken)
- 1 EL Sesam (geröstet)

Vorbereitung

1. Für Soba-Nudeln mit Hühnchen die Nudeln zuerst in Salzwasser al dente kochen, dann abgießen und mit heißem Wasser abspülen. Abfluss. Verwenden Sie sie so schnell wie möglich, da sie sonst anschwellen und an Kraft verlieren.
2. Das Hähnchen in fingerdicke Streifen schneiden und mit Ingwersaft beträufeln. Die fein gehackten Zwiebeln in das heiße Öl geben. Das Dashi mit Mirin und Sojasauce aufschlagen. Die abgetropften Nudeln einrühren.
3. Die Nudeln gleichmäßig in Schüsseln verteilen, mit der Fleisch-Zwiebel-Mischung bedecken, mit fein gehackten Seetang, Bonito-Spänen und Sesam bestreuen. Bringen Sie Soba-Nudeln mit Hühnchen auf den Tisch.

97. Soba-Nudeln

Zutaten

- 250 g Soba-Nudeln (japanische Buchweizennudeln)
- 140 g Frühlingszwiebel
- 400 ml Ichiban Dashi (Suppe, japanisch)
- 1 Teelöffel Ingwersaft (frisch)
- 200 g Hähnchen (Brust)
- 2 EL Katsuo-Bushi (getrocknete Bonitoflocken)
- 1 EL Sesam (geröstet)
- 2 EL Erdnussöl
- 1 EL Mirin
- 2 EL Nori-Algen
- 140 ml Sojasauce (Hölle)

Vorbereitung

1. Für Soba-Nudeln die Nudeln in Salzwasser al dente kochen, abseihen und mit heißem Wasser abspülen. Abfluss.
2. Das Hähnchen in kleine fingerdicke Streifen schneiden und mit Ingwersaft beträufeln. Die fein gehackte Zwiebel und das Hähnchen im heißen Öl anbraten.
3. Das Dashi mit Sojasauce und Mirin aufkochen. Die abgetropften Spaghetti unterrühren.
4. Die Soba-Nudeln mit Hühnchen, fein gehackten Algen, Sesam und Bonito-Spänen bestreut servieren.

98. Gebratene Entenbrust

Zutaten

- 2 Entenbrustfilets
- 3 Schalotten (eventuell mehr)
- 1 Ingwerwurzel, ca. 5 Zentimeter
- 1 Orange (unbehandelt)
- 1 Frühlingszwiebel
- 1 rote Chilischote, mild
- 2 EL Sesamöl
- 2 EL Pflanzenöl
- 1 Prise Zimt
- 75 ml Hühnersuppe
- 1 EL Honig

- 2 EL Sake (japanischer Reiswein) (vielleicht mehr)
- 2 EL Sojasauce
- Pfeffer (frisch gemahlen)

Vorbereitung

1. Die Entenbrustfilets waschen, trocknen und schräg in 1 cm dicke Scheiben schneiden.
2. Schalotten schälen und fein würfeln. Ingwer schälen und reiben.
3. Orange gründlich abspülen, Schale oder Schale abziehen und Saft auspressen. Das Weiß und Hellgrün der Frühlingszwiebel in sehr schmale Ringe schneiden. Chili halbieren, entkernen und in dünne Streifen schneiden.
4. Bratpfanne oder ggf. Wok erhitzen, Öle hinzugeben und sehr heiß werden. Die Entenstücke unter Rühren drei bis vier Minuten braten. Schalotten und Ingwer zugeben und weitere zwei Minuten rösten.
5. Orangensaft, Zimt, Orangenschale, Sake, Hühnersuppe, Honig, Sojasauce und Chili dazugeben und bei hoher Temperatur unter ständigem Rühren garen. Mit Sojasauce und frisch gemahlenem Pfeffer gut würzen.

6. Den Langkornreis auf einen Teller geben und die mit Frühlingszwiebelringen bestreute Entenbrust an den Tisch bringen.
7. Dazu passt Basmatireis.

99. Salat mit Hähnchenbrust und grünem Spargel

Zutaten

- 2 Hähnchenbrust
- 3 EL Sojasauce
- 3 EL Sake (Reiswein) oder Sherry
- 250 ml Hühnersuppe
- 200 g Spargel
- Salz
- 2 Eier
- 1 EL Sesamöl
- 3 EL Erdnussöl
- Salatblätter
- 1 Teelöffel helles Miso (Bohnenpaste)

- 0,5 TL Wasabi (scharfes Meerrettichpulver)
- 1 Teelöffel Reisessig
- Zucker

Vorbereitung

1. Fleisch mit je einem Löffel Sojasauce und Sake einreiben und eine halbe Stunde marinieren.
2. Mit kochender klarer Suppe in einen Topf geben und fünf bis acht Minuten bei niedriger Temperatur vorsichtig pochieren. In der Soße abkühlen lassen.
3. Den geschälten Spargel schräg in fünf Zentimeter lange Stücke schneiden. In Salzwasser ca. fünf Minuten knusprig kochen, nur die Spitzen zwei Minuten garen.
4. Die Eier mit einem Löffel Sojasauce, Sake und Sesamöl verrühren. In einer mit Erdnussöl beschichteten Pfanne bei niedriger Temperatur fast durchscheinende Omeletts backen. Diese abwechselnd mit Salatblättern stapeln und aufrollen, schräg in feine Streifen schneiden.
5. Mischen Sie zwei Esslöffel Erdnussöl, einen Esslöffel Sojasauce, einen Esslöffel Wasabi-Pulver, Miso, Sake und einige Tropfen klare

Suppe zu einer cremigen Vinaigrette. Mit Essig und Zucker würzen.
6. Hähnchen in kleine Scheiben schneiden, mit Spargel und Omelettstreifen mischen, mit der Vinaigrette servieren und servieren.

100. Yakitori

Zutaten

- 8 EL Sojasauce, japanisch
- 8 EL Mirin
- 2 Scheiben Ingwer, gerieben
- Amboss-Spieße
- 400 g Hühnchen

Vorbereitung

1. 2 Scheiben Ingwer, gerieben, gepresst
2. Das Hähnchen wird gespült, getrocknet und in kleine Würfel (ca. 2 cm Kantenlänge) geschnitten. Aus der Sojasauce, dem Mirin (ein süßer Reiswein) und dem Ingwersaft

wird eine Marinade hergestellt, in der das Fleisch etwa eine halbe Stunde ruht.

FAZIT

Japanische Rezepte bieten eine wunderbare Vielfalt an vegetarischen und nicht-vegetarischen Optionen, und Sie sollten diese exquisite Küche auf jeden Fall mindestens einmal in Ihrem Leben probieren.

www.ingramcontent.com/pod-product-compliance
Lightning Source LLC
Chambersburg PA
CBHW070656120526
44590CB00013BA/978